Moć Božja

*Otkako je svijeta
nije čuveno
da ko otvori oči
rođenom slijepcu.
**Kad On ne bi bio od Boga
ne bi mogao ništa činiti.**
(Jevanđelje po Jovanu 9:32-33)*

Moć Božja

Dr. Džerok Li

Moć Božja od dr. Džeroka Lija
Objavile Urim knjige (Predstavnik: Johnny. H. Kim)
235-3, Guro-dong 3, Guro-gu, Seul, Koreja
www.urimbooks.com

Sva prava su zadržana. Ova knjiga ili njeni pojedini dijelovi ne smiju biti reprodukovani u bilo kojoj formi, ili biti smješteni u bilo kom renta sistemu, ili biti transmitovana bilo kojim načinom, elektronski, mehanički, fotokopiranjem, snimanjem, ili slično, bez prethodnog pismenog ovlašćenja izdavača.

Ukoliko nije drukčije navedeno, svi Biblijski navodi uzeti su iz Svetog Pisma, NOVA AMERIČKA STANDARDNA BIBLIJA, ®, Autorska Prava© 1960, 1962, 1963, 1968, 1971, 1972, 1973, 1975, 1977, 1995 od strane The Lockman Foundation. Korišćeno uz dozvolu.

Autorska prava© 2009 od strane dr. Džeroka Lija
ISBN (Međunarodni standardni broj knjige): 89-7557-044-4,
ISBN: 979-11-263-1191-0 03230
Prevodilačka Autorska Prava © 2005, dr. Ester K. Čung (Dr. Esther K. Chung). Korišćeno uz dozvolu.

Prethodno objavila na korejskom jeziku Urim knjige u 2004.g.

Prvo izdanje, septembar 2005.g.
Drugo izdanje, avgust 2009.g.

Uredila dr. Geumsun Vin
Dizajnirao urednički biro Urim Books
Za više informacija kontaktirati na urimbook@hotmail.com

Predgovor

Moleći se da uz moć Boga Stvoritelja i jevanđelje Isusa Hrista, svi ljudi iskuse vatrena djela Svetog Duha...

Ja dajem svu zahvalnost Ocu Bogu, koji nas je blagoslovio da objavimo u jednom djelu poruku sa jedanaeste dvonedjeljne posebne Službe preporoda održane maja, 2003. godine sa temom „Moć" - na kome su brojna svjedočenja uveliko slavila Boga.

Od 1993. godine, odmah nakon desetogodišnjice osnivanja, Bog je počeo da obrazuje članove Manmin crkve da posjeduju iskrenu vjeru i da postanu duhovni ljudi kroz godišnjicu posebne dvonjedeljne Službe preporoda.

Na Službi preporoda 1999. godine pod temom „Bog je ljubav," On je dozvolio iskušenja sa blagoslovima kako bi članovi Manmin crkve mogli da razumiju značenje pravog jevanđelja, ispunili zakon u ljubavi i ličili na našeg Gospoda koji je manifestovao čudesnu moć.

Sa početkom novog milenijuma 2000. godine, kako bi ljudi širom svijeta mogli da iskuse moć Boga Stvoritelja, Jevanđelje Isusa Hrista i vatrena djela Svetog Duha, Bog nas je blagoslovio da možemo da emitujemo Službu preporoda putem satelita Moogoonghwa (Mugungva) i Interneta. U 2003. godini, publika iz oko 300. crkava iz Koreje i petnaest zemalja je prisustvovalo na Službi preporoda.

Moć Božja ima namjeru da nas uvede u proces u kome se jedan sreće sa Bogom i dobija Njegovu moć, različite nivoe moći, najveću moć Stvoritelja koja je van dozvoljenih granica za ljudsko stvorenje i mjesta na kojima je Njegova moć manifestovana.

Moć Božja dolazi do pojedinca u zavisnosti koliko on liči na Boga koji je svjetlost. Šta više, kada on postane jedan u duhu sa Bogom, on može da manifestuje vrstu moći koju je Isus manifestovao. Ovo je zato što nam u Jevanđelju po Jovanu 15:7 naš Gospod rekao: „Ako ostanete u Meni i riječi Moje u vama ostanu, šta god hoćete ištite, i biće vam."

Jer ja sam lično iskusio radost i sreću u slobodi za sedam godina bolesti i agonije, kako bi postao sluga moći koji liči na Gospoda i molio sam se i postio sam mnogo dana i puta kada sam bio pozvan da budem sluga Gospoda. Isus nam govori u Jevanđelju po Marku 9:23: „Ako možeš? Sve je moguće onome koji vjeruje." Takođe sam vjerovao i molio sam se zato što sam se pridržavao Isusovog obećanja: „[Svako] koji vjeruje Mene, djela koja Ja tvorim i on će tvoriti, i veća će od ovih tvoriti; jer Ja idem k Ocu Svom" (Jevanđelje po Jovanu 14:12). Kao rezultat, kroz godišnjicu službe preporoda, Bog nam je pokazao zadivljujuće znakove i čuda i dao nam je brojna iscjeljenja i odgovore. Šta više, za vrijeme druge nedelje Službe preporoda 2003. godine, Bog se usmjerio na manifestovanje Njegovih djela nad onima koji su bili slijepi, koji nisu mogli da hodaju, čuju i govore.

Čak iako je medicinska nauka napredovala i nastavlja da napreduje, skoro je nemoguće da ljudi koji su izgubili vid ili sluh budu izliječeni. Svemogući Bog, međutim, je manifestovao Njegovu moć tako da kada sam se ja čak molio i sa propovjedaonice, djela moći kreacije su mogla da obnove mrtve nerve i ćelije i ljudi su mogli da progledaju, čuju i govore. Pored toga, krive kičme su ispravljene, ukočene kosti postale su otkočene tako da su ljudi mogli da bace svoje štake, štapove i kolica i ustanu, poskoče i hodaju.

Čudesna djela Božja takođe prevazilaze vrijeme i mjesto. Ljudi koji su posjetili Službu preporoda putem satelita i preko Interneta takođe su iskusili moć Božju i njihova svjedočenja se prosljeđuju čak i do današnjeg dana.

Zbog ovoga poruka sa Službe preporoda 2003. godine - na kojem su brojni ljudi preporođeni riječima istine, primili novi život, spasenje, odgovore i iscjeljenje, iskusili moć Božju i Njega uveliko slavili - je bila izdata u jednom djelu.

Dajem posebnu zahvalnost Geumsun Vin, urednici izdavačkog biroa i Prevodilačkom birou na njihovom napornom radu i predanosti.

Neka svako od vas iskusi moć Boga Stvoritelja, Jevanđelje Isusa Hrista i vatrena djela Svetog Duha i neka radost i sreća preliva u vašim životima- za sve ovo ja se molim u ime našeg Gospoda!

Džerok Li

Uvod

Obavezno-pročitati, koja služi kao suštinski vodič po kojem čovjek može posjedovati pravu vjeru i iskusiti čudesnu moć Božju

Ja dajem svu zahvalnost i slavu Bogu, koji nas je vodio da izdamo u jednom djelu poruku sa „Jedanaeste dvonedjeljne posebne Službe preporoda sa Džerokom Lijem" maja 2003. godine koje se dogodilo u sredini Božje velike i čudesne moći.

Moć Božja će vas obuzeti u milosti i pronicljivosti, jer sadrži devet poruka sa Službe preporoda koje je održano sa temom „Moć" kao i svjedočenja brojnih pojedinaca koji su direktno osjetili moć živog Boga i jevanđelje Isusa Hrista.

U Prvoj poruci „Vjerovati u Boga" identitet Boga, je opisano ono što jeste vjerovanje u Njega i načini na koje mi možemo da sretnemo i Njega iskusimo.

U Drugoj poruci „Vjerovati u Gospoda," je razmotrena namjera Isusovog dolaska na zemlju, zašto je samo Isus naš

Spasitelj i zašto mi dobijamo spasenje i odgovore kada vjerujemo u Gospoda Isusa.

Poruka treća „Posuda mnogo ljepša od dragog kamena," razrađuje šta je potrebno da bi bili dragocjeni kao i blagoslove koji potiču iz takve posude.

Četvrta poruka „Svjetlost" objašnjava duhovnu svjetlost, šta mi treba da uradimo da bi se sreli sa Bogom koji jeste svjetlost i blagoslovi koje ćemo dobiti kada koračamo u svjetlosti.

Peta poruka „Moć Svjetlosti," dovodi nas do četiri različita nivoa Božje moći koja su manifestovala ljudska stvorenja kroz različite boje svjetlosti kao i prava životna svjedočenja različitih iscjeljenja manifestovana na svakom nivou. Šta više, do detalja je objašnjena najviša moć Kreacije, neograničena moć Božja i načini u kojima mi možemo da dobijemo moć svjetlosti.

Na osnovu procesa u kome će slijepi čovjek progledati nakon što sretne Isusa i svjedočenja mnogih ljudi koji su dobili vid i bivali iscijeljeni od lošeg vida, Šesta poruka „Oči slijepih će se otvoriti" će vam pomoći da razumijete iz prve ruke moć Boga Stvoritelja.

U Sedmoj poruci „Ljudi će ustati, poskočiće i hodaće," priča o paralizovanom čovijeku koji dolazi ispred Isusa uz pomoć prijatelja, ustaje i hoda, je pažljivo ispitana. Šta više, poruka takođe rasvetljava čitaocima vrstu djela vjere koju treba da predstave Bogu kako bi iskusili tako veliku moć danas.

Osma poruka „Ljudi će se radovati, igrati i pevati" vodi nas u priču gdje je gluvo-nijemi čovjek dobio iscjeljenje kada je došao ispred Isusa i predstavlja nam načine na koje i mi možemo da iskusimo takvu moć čak i danas.

I na kraju, u Devetoj poruci „Neizostavno proviđenje Božje," prorokuje o poslednjim danima i o proviđenju Božjem za Manmin centralnu crkvu- oba koja su otkrivena od Samog Boga još od osnivanja Manmina više od dvadeset godina ranije- do detalja su planski objašnjena.

Kroz ovo djelo, da mnogi ljudi počnu da posjeduju iskrenu vjeru, uvijek iskuse moć Boga Stvoritelja i ispune Njegovo proviđenje, u ime našeg Gospoda Isusa Hrista ja se molim!

Geumsun Vin
Direktorka Izdavačkog biroa

Sadržaj

Poruka 1

Vjerovati u Boga (Poslanica Jevrejima 11:3) · 1

Poruka 2

Vjerovati u Gospoda (Poslanica Jevrejima 12:1-2) · 25

Poruka 3

Posuda mnogo ljepša od dragog kamena
(2. Timotejeva Poslanica 2:20-21) · 47

Poruka 4

Svjetlost (1. Jovanova Poslanica 1:5) · 67

Poruka 5

Moć Svjetlosti (1. Jovanova Poslanica 1:5) · 85

Poruka 6

Oči slijepih će se otvoriti (Jevanđelje po Jovanu 9:32-33) · 117

Poruka 7

Ljudi će ustati, poskočiće i hodaće

(Jevanđelje po Marku 2:3-12) · 135

Poruka 8

Ljudi će se radovati, igrati i pjevati

(Jevanđelje po Marku 7:31-37) · 157

Poruka 9

Neizostavno proviđenje Božje

(Ponovljeni Zakonik 26:16-19) · 179

Poruka 1
Vjerovati u Boga

Poslanica Jevrejima 11:3

*Vjerom poznajemo
da je svijet Riječju Božjom svršen,
da je sve što vidimo iz ništa
postalo.*

Od prve godišnjice dvonedjeljne posebne Službe preporoda održane maja 1993. godine, brojni ljudi su iz prve ruke iskusili mnogo veću moć i djela Božja, sa kojom su bolesti koje nisu mogle biti izliječene sa modernom medicinom bile iscijeljene i problemi koji nisu mogli biti riješeni bivali razriješeni. Za poslednjih sedamnaest godina, kako nailazimo u Jevanđelju po Marku 16:20, Bog je potvrdio Njegovu riječ znakovima koji su je pratile.

Kroz poruke velike dubine u vjeri, pravednosti, tijela i duha, dobrote i svjetlosti, ljubavi i slično tome, Bog je poveo mnoge članove Manmina do dubljeg duhovnog kraljevstva. Šta više, kroz svaku Službu preporoda, Bog nas je poveo da svjedočimo Njegovoj moći iz prve ruke tako da je to postala svjetski poznata Služba preporoda.

Isus nam govori u Jevanđelju po Marku 9:23: „Ako možeš? Sve je moguće onome koji vjeruje." Prema tome, ako mi posjedujemo iskrenu vjeru, ništa nije za nas nemoguće i mi ćemo dobiti šta god poželimo.

U šta onda mi vjerujemo i kako da vjerujemo u to? Ako mi ne znamo i ne vjerujemo u Boga na pravilan način, mi nećemo moći da iskusimo Njegovu moć i biće nam veoma teško da dobijemo odgovore od Njega. Zbog toga je pravilno razumijevanje i vjerovanje od velike važnosti.

Ko je Bog?

Prvo, Bog je autor šezdeset i šest knjiga Biblije. 2. Timotijeva Poslanica 3:16 nas podsjeća da: „Sve je pismo od Boga dano." Biblija sadrži šezdeset i šest knjiga i procjenjuje se da ju je napisalo trideset i četiri različitih ljudi u periodu od preko 1600. godina. Ipak, najnevjerovatniji aspekt svake knjige Biblije je taj da uprkos činjenici da je napisana od različitih ljudi u mnogim zemljama, od početka do kraja se podudaraju i odgovaraju jedna drugoj. Drugim riječima, Biblija je riječ Božja zapisana u inspiraciji različitih ljudi koje je On smatrao da odgovaraju različitim periodima istorije a kroz nju se On otkriva. Zbog toga oni koji vjeruju da je Biblija riječ Božja i povinuju se njoj mogu da iskuse blagoslove i milost koju je On obećao.

Sljedeće, Bog je: „Ja sam Onaj što jeste" (Izlazak 3:14). Za razliku od idola koji su stvoreni ljudskom maštom ili su rukama oblikovani, naš Bog je pravi Bog koji je postojao od prije početka vječnosti pa do vječnosti. Šta više, mi možemo da opišemo Boga kao ljubav (1. Jovanova Poslanica 4:16), svjetlost (1. Jovanova Poslanica 1:5) i sudiju svih stvari na kraju vremena.

Ipak, iznad svega, mi moramo da se sjetimo da je Bog, sa Njegovom nevjerovatnom moći, stvorio sve stvari neba i zemlje. On je Jedan Svemogući koji uporno manifestuje Njegova čuda još od vremena Stvaranja pa do danas.

Stvoritelj svih stvari

U Postanku 1:1, mi nailazimo da: „U početku stvori Bog nebo i zemlju." Poslanica Jevrejima 11:3 nam govori: „Vjerom poznajemo da je svijet riječju Božjom svršen, da je sve što vidimo iz ništa postalo."

U stanju praznine na početku vremena, sa Božjom moći sve je u univerzumu stvoreno. Sa Njegovom moći, Bog je stvorio sunce i mjesec i nebo, biljke i drveće, ptice i životinje, ribe u moru i čovječanstvo.

Uprkos ovoj činjenici, mnogi ljudi ne mogu da vjeruju u Boga Stvoritelja jer pojam stvaranja je jednostavno previše kotradiktoran znanju i iskustvu koje su oni stekli i imali na zemlji. Na primjer, u mislima takvih ljudi, nije zamislivo da sve stvari u univerzumu budu stvorene sa Božjom zapovijesti u stanju praznine.

Zbog toga je teorija evolucije bila smišljena. Pristalice teorije o evoluciji tvrde da su živi organizmi slučajno nastali, sami evoluirali i razmnožili se. Ako ljudi poreknu Božje stvaranje sa takvim uokvirenim znanjem, oni ne mogu da vjeruju u ostatak Biblije. Oni ne mogu da vjeruju u propovjedanje postojanja neba i pakla zato što nikada nisu bili tamo i u objavu da je Sin Božji koji je rođen kao čovijek, umro, vaskrsao i uzdigao se na nebo.

Međutim, mi nalazimo kako nauka napreduje, da je zabluda o evoluciji otkrivena dok pravo stvaranje nastavlja da se širi zemljom. Čak iako mi ne podnosimo listu naučnih dokaza postoje milijardu primjera koja svjedoče o stvaranju.

**Dokazi sa kojima
mi možemo da vjerujemo u Boga Stvoritelja**

Evo jednog takvog primjera. Postoji više od dvije stotine zemalja i mnogo više etničkih grupa ljudi. Ipak, bilo da su oni bijeli, crni ili žuti, svaki od njih ima dva oka. Svako od njih ima dva uveta, jedan nos i dvije nozdrve. Ovaj oblik se ne odnosi samo na ljudska bića već takođe i na životinje na zemlji, ptice na nebu i ribe u moru. Samo zato što je surla slona nevjerovatno široka i dugačka, to ne znači da on ima više od dvije nozdrve. Svako od ljudskih bića, životinja, ptica i riba ima jedna usta i mjesto na kojem su usta smještena je identično. Postoje jedva primjetne razlike u odnosu na položaj svakog organa između različitih vrsta, ali većina struktura i položaja su neprimjetne.

Kako je sve ovo moglo da se dogodi „slučajno?" Ovo je dio jasnog dokaza da je Stvoritelj dizajnirao i oblikovao mnoge ljude, životinje, ptice i ribe. Da je bilo više od jednog stvoritelja, izgled i oblik živih bića bi bio različit kao i broj i izbor stvoritelja. Međutim, zato što je naš Bog jedini Stvoritelj, sva živa bića su oblikovana u skladu sa istim dizajnom.

Šta više, mi možemo da nađemo mnogo više dokaza u prirodi i univerzumu, koji će nas svi dovesti do vjerovanja da je Bog sve stvorio. Kao što nam Poslanica Rimljanima 1:20 govori: „Jer šta se na Njemu ne može vidjeti, od postanja svijeta moglo se poznati i vidjeti na stvorenjima, i Njegova vječna sila i božanstvo, da nemaju izgovora," Bog je dizajnirao i oblikovao sve stvari tako da istina Njegovog postojanja ne može biti odbijena ili opovrgnuta.

U Avakumu 2:18-19, Bog nam govori: „Šta pomaže rezan lik što ga izreza umjetnik njegov? Šta liven lik i učitelj laži, te se umjetnik uzda u djelo svoje gradeći neme idole. Teško onome koji govori drvetu: „Preni se!" i nemom kamenu: „Probudi se!" hoće li on učiti? Eto, obložen je zlatom i srebrom, a nema duha u njemu." Ako je neko od vas služio ili vjerovao u idole a da nije poznavao Boga, vi morate čvrsto da okajete vaše grijehove razdirajući vaša srca.

Biblijski dokazi sa kojima mi možemo zasigurno da vjerujemo u Boga Stvoritelja

Postoje ipak mnogo ljudi koji ne mogu da vjeruju u Boga uprkos neizmjerivo mnogim dokazima u njihovoj okolini. Zbog toga nam je, uz manifestovanje Njegove moći, Bog pokazao mnogo očigledne i nesumnjive dokaze o Njegovom postojanju. Sa čudima koja ne mogu biti pokazana od strane čovijeka, Bog je dozvolio čovječanstvu da vjeruje u Njegovo postojanje i čudesna djela.

U Bibliji, postoje mnogi fascinatni slučajevi u kojima je Božja moć manifestovana. Crveno more je podijeljeno na pola, sunce je stajalo ili se povuklo nazad, vatra sa neba je bačena dole. Gorka voda u pustinji se pretvorila u slatku, pijaću vodu a iz stene je potekao izvor vode. Mrtvi su oživjeli, bolesti su iscjeljene i naizgled izgubljene bitke su osvojene.

Kada ljudi vjeruju u svemogućeg Boga i pitaju Ga, oni mogu da iskuse nezamisliva djela Njegove moći. Zbog toga je Bog zapisao u Bibliji mnogo slučajeva u kojima je Njegova moć bila manifestovana i blagoslovio nas je da vjerujemo.

Ipak, djela Njegove moći ne postoje samo u Bibliji. Zato što je Bog nepromjenljiv, kroz brojne znakove i čuda i djela Njegove moći, On manifestuje danas Njegovu moć kroz iskrene vjernike širom svijeta; tako nam je On obećao. U Jevanđelju po Marku 9:23 Isus nas uvjerava: „Ako možeš vjerovati? Sve je moguće onome koji vjeruje." U Jevanđelju po Marku 16:17-18, naš Gospod nas podsjeća: „A znaci onima koji vjeruju biće ovi: imenom Mojim izgoniće đavole; govoriće novim jezicima; uzimaće zmije u ruke, ako i smrtno šta popiju, neće im nauditi; na bolesnike metaće ruke, i ozdravljaće."

Moć Božja manifestovana u Manmin centralnoj crkvi

Crkva u kojoj ja služim kao viši pastor, Manmin centralna

„Koliko sam zahvalna bila
kada si spasio moj život...
mislila sam da ću se oslanjati na moje štake
cijelog mog života...

Sada, ja mogu da hodam...
Oče, Oče, ja Tebi zahvaljujem!"

Đakonica Joana Park (Johanna Park),
koja je bila trajno hendikepirana,
odbacuje i hoda
nakon što je primila moju molitvu

crkva, je manifestovala djela moći Boga Stvoritelja svaki put dok je težila da raširi jevanđelje do krajeva svijeta. Još od osnivanja 1982. godine pa do danas, Manmin je povela mnoge ljude ka putu spasenja uz moć Boga Stvoritelja. Najznačajnije djelo Njegove moći je iscjeljenje od bolesti i slabosti. Mnogi ljudi sa „neizlječivim" bolestima uključujući rak, tuberkoloza, paraliza, cerebralna paraliza, kila, artritis, leukemija i slično tome su bili iscjeljeni. Demoni su istjerivani, hromi su ustali i počeli da hodaju i trče i oni koji su bili paralizovani od različitih nesreća su bivali dobro. Pored toga, odmah nakon primanja molitve, ljudi koji su patili od teških opekotina su bili iscjeljeni bez ikakvih groznih preostalih ožiljaka. Drugi čija su tijela bila ukočena i koji su već izgubili svijest zbog izlivanja krvi u mozgu ili trovanja gasom su se odmah oporavili. Ipak drugi koji su prestali da dišu vratili su se u život nakon što su primili molitvu.

Mnogi drugi, koji nisu mogli da imaju djecu pet, sedam, deset čak i za vrijeme od dvadeset godina braka, dobili su blagoslov začeća nakon što su primili molitvu. Mnogi pojedinci koji nisu mogli da čuju, vide i govore mnogo su slavili Boga nakon što su povratili tu sposobnost sa molitvom.

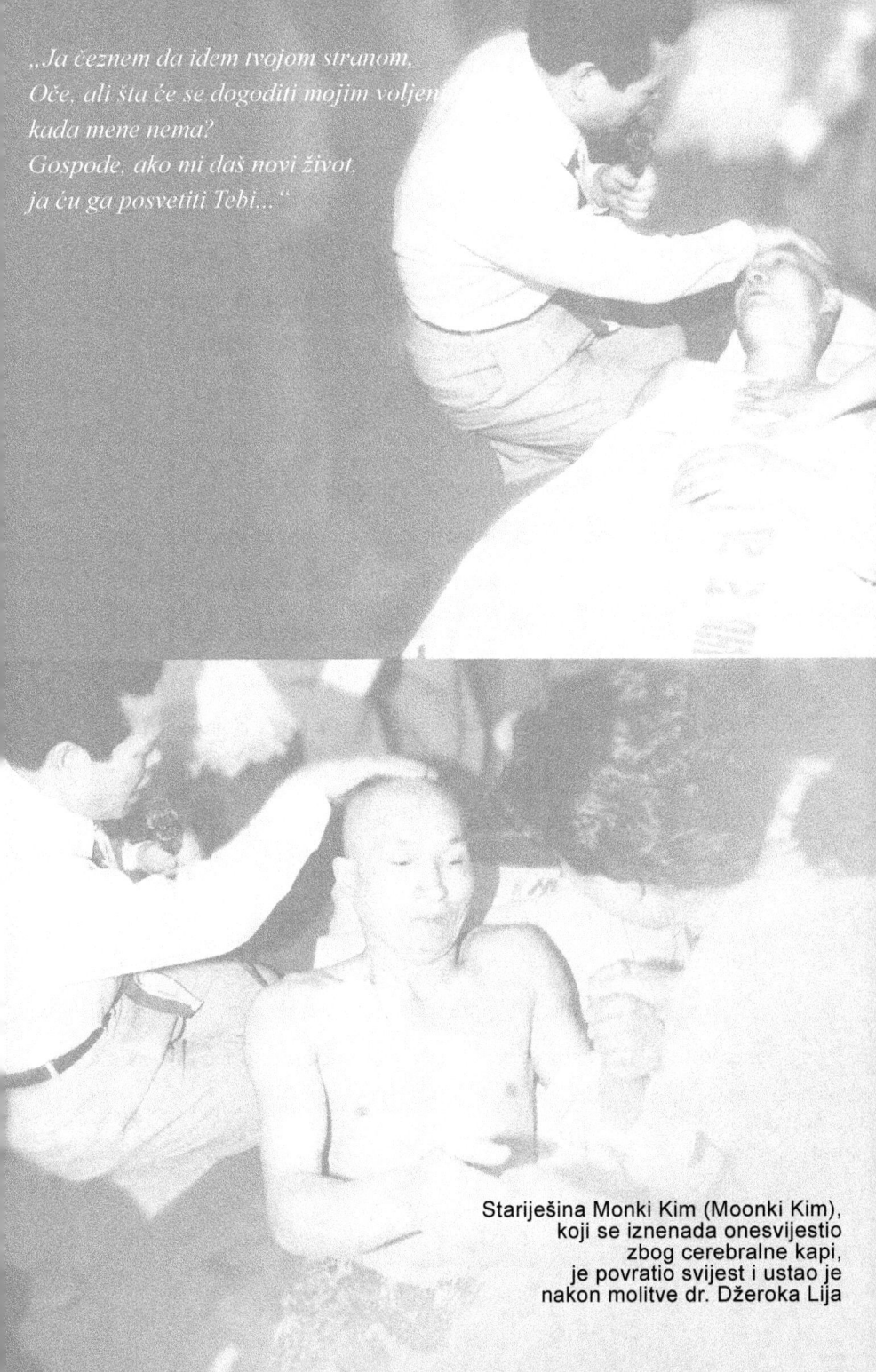

„Ja čeznem da idem tvojom stranom,
Oče, ali šta će se dogoditi mojim voljenim
kada mene nema?
Gospode, ako mi daš novi život,
ja ću ga posvetiti Tebi..."

Stariješina Monki Kim (Moonki Kim), koji se iznenada onesvijestio zbog cerebralne kapi, je povratio svijest i ustao je nakon molitve dr. Džeroka Lija

Čak iako su nauka i medicina napravile nevjerovatan skok iz godine u godinu, iz vijeka u vijek, mrtve ćelije ne mogu biti oživljene i urođeno slijepilo ili gubitak sluha se ne mogu izliječiti. Međutim, svemogući Bog može sve da učini pošto je On sve stvorio od ničega.

Ja sam sam iskusio moć svemogućeg Boga. Bio sam na pragu smrti sedam godina prije nego što sam počeo da vjerujem u Njega. Bio sam bolestan u svim dijelovima moga tijela, sa izuzetkom mojih očiju, da sam dobio nadimak „robna kuća bolesti." Uzalud sam pokušavao sa istočnom i zapadnom medicinom, medicinom gubavca, svim vrstama biljaka, žučnim kesama medvjeda i pasa, stonoga čak i sa tečnošću izmeta. Uložio sam svaki napor za vrijeme sedmogodišnje agonije, ali se nisam mogao izliječiti Kada sam bio u velikom očaju u proleće 1974. godine, imao sam nevjerovatno iskustvo. U trenutku ja sam sreo Boga, On me je iscijelio od svih mojih bolesti i slabosti. Od tada pa nadalje, Bog me je uvijek štitio kako se više ne bi razbolio. Čak i kada sam osjećao neku nelagodnost u dijelovima moga tijela, nakon molitve sa vjerom ja sam bio odmah iscijeljen.

Pored mene samog i moje porodice, ja znam da mnogi članovi Manmina vjeruju iskreno u svemogućeg Boga i zbog toga, oni su uvijek fizički zdravi i ne zavise od medicine. U znak zahvalnosti prema milosti Boga Iscjelitelja, mnogi ljudi koji su postali dobro sada služe crkvi kao odani Božji svještenici, vođe, đakoni i đakonice i radnici.

Božja moć nije ograničena u iscjeljivanju od bolesti i slabosti. Od kako je crkva osnovana 1982. godine, mnogi članovi Manmina su bili svjedoci brojnim slučajevima u kojima je molitva sa vjerom u Božju moć kontrolisala vijreme kao što je prestanak teških pljuskova, štitila je članove Manmina sa oblacima u vrelom sunčanom danu i navodila tajfune da se smire ili promjene svoj kurs. Na primjer, svakog jula i avgusta se održavaju u svim crkvama ljetnje molitve. Čak iako ostatak Koreje pati od oštećenja uzrokovanim tajfunima i poplavama, mjesta i dijelovi zemlje gdje se održavaju molitve obično ostaju netaknuta u teškim pljuskovima i drugim prirodnim katastrofama. Brojni članovi Manmina takođe redovno viđaju duge, čak i u danima kada ranije nije padala kiša.

Postoji čak i još nevjerovatniji prizor Božje moći. Djela Njegove moći se manifestuju čak i kada se direktno ne molim za bolesne ljude. Mnogi ljudi su u velikoj mjeri slavili Boga nakon što su primili iscjeljenje i blagoslove kroz „Molitvu za bolesne" za cijelu zajednicu sa propovjedaonice i „Molitvu" snimljenu na video kasetama, emisijama kroz Internet i automatskih sekretarica.

Šta više, u Djelima Apostolskim 19:11-12 mi nailazimo da: „Bog je činio izvanredna čuda sa rukama Pavla, tako da kad bi se maramice ili kecelje sa njegovog tijela samo donele do bolesnih, bolesti su ih napuštale i zli duhovi bi izašli napolje." Isto tako, kroz maramicu na kojoj sam se ja molio, djela Božje moći su manifestvovana.

Šta više, kada sam položio ruke i molio se nad fotografijama bolesnih, iscjeljenja koja su prevazilazila vrijeme i prostor su se događala širom svijeta. To je razlog zašto, kada sam predvodio prekomorski pohod, sve vrste bolesti i slabosti, uključujući i smrtonosnu sidu (AIDS) su iscijeljene u trenu uz moć Božju koja prevazilazi vrijeme i prostor.

Da iskusite moć Božju

Da li ovo znači da svako ko vjeruje u Boga može da osjeti zapanjujuća djela Njegove moći i dobije odgovore i blagoslove? Mnogi ljudi svjedoče o svojoj vjeri u Boga ali ne doživljavaju svi moć. Vi možete da osjetite Njegovu moć samo kada je vaša vjera u Boga iskazana u djelima i On priznaje: „Ja znam da ti vjeruješ u mene."

Bog će samu činjenicu da neko sluša nečije propovijedanje i posjećivanje službe bogosluženja smatrati kao „vjeru." Međutim, da bi posjedovali iskrenu vjeru sa kojom možete da dobijete iscijeljenje i odgovore, vi morate da čujete i da znate o tome ko je Bog, o tome zašto je Isus naš Spasitelj i o postojanju neba i pakla. Kada vi razumijete ove činjenice, pokajete se zbog vaših grijehova, prihvatite Isusa kao Spasitelja i primite Svetog Duha, vi ćete dobiti pravo kao dijete Božje. Ovo je prvi korak ka iskrenoj vjeri.

Ljudi koji posjeduju iskrenu vjeru će pokazati djela koja svjedoče o ovakvoj vjeri. Bog će vidjeti djela vjere i odgovoriće željama u njihovim srcima. Oni koji iskuse djela Njegove moći prikazuju dokaze vjere Njemu i cijenjeni su od Boga.

Udovoljavanje Bogu sa djelima vjere

Evo nekoliko primjera iz Biblije. Prvo, u 2. Knjiga Kraljevima je priča o Namanu, komandantu vojske kralja Arama. Naman je iskusio djela Božje moći nakon što je pokazao svoju vjeru povinovanjem prema proroku Jeliseju, kroz koga je Bog govorio.

Naman je bio ugledan general kraljevstva Arama. Kada je on imao lepru, Naman je posjetio Jeliseja, za koga se govorilo da je izvodio neviđena čuda. Međutim, kada je takav uticajan i poznat general kao Naman stigao do Jelisejevog doma sa velikom količinom zlata, srebra i odjeće, prorok je samo poslao glasnika kod Namana i rekao mu: „Idi i okupaj se sedam puta u Jordanu" (stih 10).

U početku, Naman je bio vidno ljut uglavnom zato što nije dobio odgovarajući tretman od proroka. Pored toga, umjesto da se Jelisej moli za njega, Namanu je rečeno da ide i da se okupa u rijeci Jordan. Međutim, Naman je uskoro promijenio misli i povinovao se. Čak iako riječi Jeliseja nisu bile po njegovoj volji i nije se slagao sa njegovim mislima, Naman je bio odlučan da makar pokuša da se povinuje proroku Božjem.

U vrijeme kada je sebe prao šest puta u rijeci Jordan, nikakve vidljive promjene se nisu dogodile u njegovoj lepri. Ipak, kada se Naman oprao sedmi put u Jordanu, njegova koža je bila obnovljena i postao je čist kao malo dijete (stih 14).

Duhovno, „voda" simbolizuje Riječ Božju. Činjenica da je Naman sebe pokvasio u rijeci Jordan znači da je sa Njegovom Riječju Naman bio očišćen od njegovih grijehova. Šta više, broj „sedam" znači savršenstvo; činjenica da je Naman sebe pokvasio u reci „sedam puta" znači da je general dobio potpune oproštaje.

Na isti način, ako mi želimo da dobijemo Božje odgovore, mi najprije moramo da se iskreno pokajemo u našim grijehovima na način kao što je Naman učinio. Ipak, pokajanje se ne završava kada samo kažemo: „Ja se kajem. Činio sam pogriješno." Vi treba da: „razderite srca svoja" (Joilo 2:13). Šta više, kada se iskreno pokajete od vaših grijehova vi morate da odlučite da nikada više ne počinite isti grijeh. Samo onda će zid grijeha između vas i Boga biti uništen, sreća će izvirati iznutra, vaši problemi će se riješiti i vi ćete dobiti odgovore na vaše želje iz srca.

Drugo, u 1. Knjiga Kraljevima 3 mi nailazimo na kralja Solomona koji nudi hiljadu žrtva paljenica pred Boga. Kroz ove žrtve paljenice, Solomon pokazuje djela njegove vjere kako bi dobio odgovore od Boga i kao posledica toga on nije dobio od Boga samo ono što je tražio već takođe i ono što nije tražio.

Da Solomon ponudi hiljadu žrtva paljenica, to zahteva veliku količinu posvećenosti. Za svaku žrtvu paljenicu, kralj bi trebao da uhvati životinje i da ih pripremi. Možete li da zamislite koliko mnogo vremena, napora i novca je to moralo da košta da bi dao takve žrtve paljenice hiljadu puta? Vrsta posvećenosti kralja Solomona je pokazala da to ne bi bio moguće da kralj nije vjerovao u živog Boga.

Kada je On vidio Solomonovu predanost, Bog ne samo da mu je dao mudrost, koju je kralj prvobitno tražio, već takođe je dostigao i poštovanje - tako da za vrijeme njegovog života nije bilo sličnog među kraljevima.

Na kraju, u Jevanđelju po Mateju 15 je priča o ženi iz Sirijske Fenikije čija je ćerka bila opsednuta demonom. Ona je došla ispred Isusa skromnog i nepromjenljivog srca, pitala je Isusa za iscjeljenje i dobila je na kraju želju u njenom srcu. Međutim, u iskrenom moljenju žene, Isus nije inicijativno odgovorio: „U redu, tvoja ćerka je iscijeljena." Umjesto toga, On je rekao ženi: „Nije dobro uzeti od djece hljeb i baciti psima" (stih 26). On je uporedio ženu sa psom. Da je žena bila bez vjere ona bi se osjećala ili užasno osramoćena ili nekontrolisano ljuta. Ipak, ova žena je imala vjeru koja ju je uvjerila Isusovim odgovorom i nije bili niti razočarana niti obeshrabrena. Umjesto toga, ona je još više bila pokorno odanija Isusu. „Da, Gospode", rekla je žena Isusu: „ali i psi jedu od mrva što padaju s trpeze njihovih gospodara." U ovome, Isus je bio mnogo zadovoljan ženinom vjerom i odmah je iscijelio njenu ćerku opsednutu demonom.

Slično tome, ako mi želimo da dobijemo iscijeljenje i odgovore, mi do kraja moramo da pokažemo našu vjeru. Šta više, ako vi posjedujete vjeru sa kojom vi možete da dobijete Njegove odgovore, vi morate fizički da predstavite sebe pred Bogom.

Naravno, zato što je Božja moć mnogo manifestovana u Manmin centralnoj crkvi, moguće je da se dobije iscjeljenje ili preko maramice na kojoj sam se ja molio ili preko fotografija. Međutim, osim neko ako je bolestan i u kritičnom stanju, osoba mora sama da dođe ispred Boga. Jedan može da iskusi moć Božju samo nakon što čuje Njegovu riječ i posjeduje vjeru. Šta više, ako je osoba mentalno zaostala ili opsjednuta demonom i zbog toga ne može da dođe ispred Boga sa sopstvenom vjerom, onda kao i žena iz Sirijske Fenikije, njegovi roditelji ili porodica moraju da dođu ispred Boga umjesto njega sa ljubavlju i vjerom.

Pored ovih, postoje i mnogo drugih dokaza vjere. Na primjer, na licu pojedinca koji posjeduje vjeru sa kojom on može da dobije odgovore, sreća i zahvalnost su uvijek uočljive. U Jevanđelju po Marku 11:24, Isus nam kaže: „Zato vam kažem, sve što ištete u svojoj molitvi vjerujte da ćete primiti, i biće vam." Ako vi imate iskrenu vjeru, vama će uvijek biti drago i bićete zahvalni sve vrijeme. Pored toga, ako vi svjedočite da vjerujete u Boga, vi ćete se povinovati i živjeti po Njegovoj Riječi. Pošto je Bog svjetlost, vi ćete se boriti da hodate u svjetlosti i preobratićete se.

Bog uživa u našim djelima vjere i odgovara našim željama iz

srca. Da li vi posjedujete vrstu i mjeru vjere koju će Bog cijeniti?

U Poslanici Jevrejima 11:6 mi smo podsjećani: „A bez vjere nije moguće ugoditi Bogu; jer onaj koji hoće da dođe k Bogu, valja da vjeruje da ima Bog i da plaća onima koji Ga traže."

Pravilnim razumijevanjem šta je vjerovanje u Boga i dokazivanjem naše vjere, da svako od vas udovolji Njemu, iskusi Njegovu moć i vodi blagosloven život, u ime našeg Gospoda Isusa Hrista ja se molim!

Poruka 2
Vjerovati u Gospoda

Poslanica Jevrejima 12:1-2

*Zato, dakle, i mi imajući oko sebe
toliku gomilu svjedoka,
da odbacimo svako breme i grijeh
koji je za nas prionuo,
i s trpljenjem da trčimo u bitku
koja nam je određena,
Gledajući na Svršitelja Isusa,
Načelnika vjere
i koji mjesto određene sebi radosti pretrpe krst,
ne mareći za sramotu,
i sede s desne strane prijestolja Božjeg*

Mnogi ljudi su danas čuli ime „Isus Hrist." Iznenađujući broj ljudi, međutim, ne zna zašto je Isus jedini Spasitelj za čovječanstvo ili zašto mi dobijamo spasenje samo kada vjerujemo u Isusa Hrista. Još gore, postoje neki hrišćani koji ne mogu da odgovore na pitanje odozgo čak i kada su direktno povezani sa spasenjem. Ovo znači da ovi hrišćani vode živote u Hristu bez da potpuno razumiju duhovno značenje ovih pitanja.

Prema tome, samo kada mi tačno znamo i razumijemo zašto je Isus naš jedini Spasitelj i šta je to što treba da prihvatimo i vjerujemo u Njega i posjedujemo iskrenu vjeru, mi možemo da iskusimo moć Božju.

Neki ljudi jednostavno smatraju Isusa kao jednog od četvorice velikih svetitelja. Drugi prosto misle o Njemu kao o osnivaču hrišćanstva, ili Ga smatraju veoma velikodušnim čovjekom koji je činio velika djela za vrijeme Njegovog života.

Međutim, oni od nas koji su postali djeca Božja moraju biti u stanju da priznaju da Isus jeste Spasitelj čovječanstva koji je iskupio sve ljude od njihovih grijehova. Kako mi uopšte možemo da upoređujemo Sina Božjeg, Isusa Hrista sa ljudskim bićima, običnim stvorenjima? Čak i u Isusovo vrijeme, mi nalazimo da su postojali razni pogledi kroz koje su ljudi gledali na Njega.

Sin Božji Stvoritelj, Spasitelj

U Jevanđelju po Mateju 16 je scena u kojoj je Isus pitao Njegove učenike: „Ko govore ljudi da je Sin čovječiji?" (stih 13) Citirajući različite ljudske odgovore, učenici su odgovorili: „Jedni govore da si Jovan krstitelj, drugi da si Ilija, a drugi Jeremija, ili koji od proroka" (stih 14). Onda je Isus pitao Svoje učenike: „A vi šta mislite ko sam Ja?" (stih 15) Kada je Petar odgovorio: „Ti si Hristos, Sin Boga Živoga" (stih 16), Isus mu je zapovijedio: „Blago tebi, Simone sine Jonin, jer tijelo i krv nisu to tebi javili, nego Otac Moj koji je na nebesima" (stih 17). Kroz brojna djela Božje moći koja je Isus manifestovao, Petar je bio siguran da je On bio Sin Božji Stvoritelj i Hrist, Spasitelj čovječanstva.

Na početku, Bog je stvorio čovjeka od prašine po Njegovom

sopstvenom liku i odveo ga u Edemski vrt. U vrtu je bilo drvo života i drvo spoznaje dobra i zla i Bog je zapovijedio prvom čovjeku Adamu: „Jedi slobodno sa svakog drveta u vrtu; ali s drveta od znanja dobra i zla, s njega ne jedi; jer u koji dan okusiš s njega, umrijećeš" (Postanak 2:16-17).

Nakon što je prošlo mnogo vremena, prvi čovjek Adam i Eva su bili uhvaćeni od zmije otrovnice, koju je nahuškala Sotona i nisu se pokorili Božjoj zapovijesti. Na kraju, oni su jeli sa drveta spoznaje dobra i zla i bili su izbačeni iz Edemskog vrta. Kao posljedica njihovih djela, potomci Adama i Eve naslijedili su njihovu griješnu prirodu. Šta više, kao što je Bog rekao Adamu da će zaista umrijeti, svi duhovi njegovih potomaka su odvedeni u vječnu smrt.

Prema tome, prije početka vremena, Bog je pripremio put spasenja, Sina Božjeg Stvoritelja Isusa Hrista. Kao što nam Djela Apostolska 4:12 govore: „I nema ni u jednom drugom spasenja; jer nema drugog imena pod nebom danog ljudima kojim bi se mi mogli spasti" osim Isusa Hrista, niko drugi u istoriji nije kvalifikovan da bude Spasitelj čovječanstva.

Proviđenje Božje
koje je bilo skriveno prije početka vremena

1. Korinćanima Poslanica 2:6-7 nam govori: „Ali premudrost govorimo koja je u savršenima, a ne premudrost vijeka ovog ni knjazova vijeka ovog koji prolaze; nego govorimo premudrost Božju u tajnosti sakrivenu, koju odredi Bog prije svijeta za slavu našu; koje nijedan od knjazova vijeka ovog ne pozna." 1. Korinćanima Poslanica 2:8-9 nastavlja da nas podsjeća: „Jer da su je poznali, ne bi Gospoda slave razapeli; nego kao što je pisano: „Šta oko ne vide, i uho ne ču, i u srce čovjeku ne dođe, ono ugotovi Bog onima, koji Ga ljube."" Mi moramo da razumijemo da put spasenja koji je Bog pripremio za čovječanstvo prije početka vremena je put krsta Isusa Hrista i ovo je Božja mudrost koja je bila skrivena.

Kao Stvoritelj, Bog uvijek vlada nad svime u univerzumu i vlada istorijom čovječanstva. Kralj ili predsjednik zemlje vlada nad njegovom zemljom u skladu sa zakonom zemlje; izvršni direktor korporacije nadgleda svoju kompaniju u skladu sa uputstvima kompanije; i glava domaćinstva nadzire njegovu porodicu u skladu sa pravilima porodice. Slično tome, čak iako je Bog vlasnik svih stvari u univerzumu, On uvijek vlada nad svim stvarima u skladu sa zakonom o duhovnom kraljevstvu kao što je nađeno u Bibliji.

U skladu sa zakonom duhovnog kraljevstva, postoji pravilo: „Plata za greh je smrt" (Poslanica Rimljanima 6:23), koje kazni krivce i takođe postoji pravilo koje nas otkupljuje od naših grijehova. Zbog toga je Bog primjenio pravilo da nas otkupi od naših grijehova kako bi obnovio vlast koja je bila predata neprijatelju đavolu kroz Adamovu nepokornost.

Koje je bilo pravilo sa kojim je čovječanstvo moglo biti otkupljeno i da se obnovi vlast prvog čovjeka Adama ustupljena neprijatelju đavolu? U skladu sa „zakonom o otkupu zemljišta", Bog je pripremio put spasenja za čovječanstvo prije nego što je vrijeme počelo.

Isus Hrist je kvalifikovan u skladu sa zakonom o otkupu zemljišta

Bog je dao Izraelcima „zakon o otkupu zemljišta" koji naloži sljedeće: zemlja ne može biti trajno prodana i ako jedan postane siromašan i proda svoju zemlju, njegov najbliži rođak ili sama osoba može da dođe i da otkupi zemlju, time obnavlja vlasništvo zemlje (Levitski Zakonik 25:23-28).

Bog je unaprijed znao da će Adam ustupiti vlast koju je dobio od Boga neprijatelju đavolu u njegovom nepokoravanju. Šta više, kao iskreni i pravi Vlasnik svih stvari u univerzumu, Bog je predao neprijatelju đavolu vlast i slavu koju je Adam nekada posjedovao, kako je bilo zahtjevano po zakonu duhovnog kraljevstva. Zbog toga kada je đavo uhvatio Isusa u Jevanđelju po Luki 4 pokazujući Mu sva kraljevstva svijeta, on je mogao da kaže Isusu: „Tebi ću dati svu vlast ovu i slavu njihovu, jer je meni predana, i kome ja hoću daću je" (Jevanđelje po Luki 4:6-7).

U skladu sa zakonom o otkupu zemljišta, sva zemlja pripada Bogu. Na ovaj način, čovjek nikada trajno ne može da je proda i kada se pojedinac sa prikladnim kvalifikacijama pojavi, prodana zemlja mora biti vraćena toj osobi. Slično tome, sve stvari u univerzumu pripadaju Bogu, tako da Adam nije mogao da je

„proda" trajno i čak ni đavo nije mogao da je trajno posjeduje. Prema tome, kada se pojedinac sposoban da povrati Adamovu izgubljenu vlast pojavi, neprijatelj đavo nema izbora nego da preda vlast koju je dobio od Adama.

Prije početka vremena, Bog pravde je pripremio nevinog čovjeka kvalifikovanog u skladu sa zakonom za otkup zemljišta i taj put spasenja za čovječanstvo je Isus Hrist.

Kako onda, u skladu sa zakonom o otkupu zemljišta, je mogao Isus Hrist da povrati vlast koja je bila predana neprijatelju đavolu? Samo kada je Isus ispunio sljedeće četiri kvalifikacije, On je mogao da otkupi sve ljude od njihovih grijehova i da povrati vlast koja je bila predana neprijatelju đavolu.

Prvo, otkupilac mora da bude čovjek, Adamov „najbliži rođak."

Levitski Zakonik 25:25, nam kaže: „Ako osiromaši brat tvoj i proda nešto od baštine svoje, a poslije dođe ko od roda njegovog najbliži njemu da otkupi, neka otkupi šta brat njegov prodade." Pošto „najbliži rođak" može da otkupi zemlju, kako bi obnovio vlast koju je Adam ustupio, taj „najbliži rođak" mora biti čovjek. U 1. Korinćanima Poslanici 15:21-22 čitamo: „Jer budući da kroz čovjeka bi smrt, kroz čovjeka i vaskrsenje mrtvih. Jer kako po Adamu svi umiru, tako će i po Hristu svi oživjeti." Drugim riječima, kako je smrt nastupila kroz nepokornost čovjeka, oživljavanje mrtvih duša mora biti ispunjeno kroz jednog čovjeka.

Isus Hrist je „Riječ [koja] postaje tijelo" i dolazi na zemlju (Jevanđelje po Jovanu 1:14). On je Sin Božji, rođen u tijelu sa obe božanske ljudske prirode. Šta više, Njegovo rođenje je istorijska činjenica i postoje mnogo dokaza koja svjedoče ovoj činjenici. Posebno treba istaći, istorija čovječanstva označave se korišćenjem „B.C." ili „Vrijeme pre Hrista" i „A.D." ili „Anno Domini" na latinskom, što znači „ljeta Gospodnjeg."

Pošto je Isus Hrist ušao na svijet u tijelu, On je „najbliži rođak" Adama i susreće se sa prvom kvalifikacijom.

Drugo, otkupilac ne smije biti Adamov potomak.

Da bi pojedinac mogao da otkupi druge od njihovih

grijehova, on sam ne smije da bude griješnik. Svi Adamovi potomci, koji je sam postao grešnik kroz svoju nepokornost, su griješnici. Prema tome, u skladu sa zakonom o otkupljenju zemljišta, otkupilac ne smije da bude Adamov potomak.

U Postanku 5:1-3 stoji sljedeće:

I vidjeh u desnici Onog što sjeđaše na prijestolju knjigu napisanu iznutra i spolja, zapečaćenu sa sedam pečata. I vidjeh anđela jakog gdje propovijeda glasom velikim: „Ko je dostojan da otvori knjigu i da razlomi pečate njene?" I niko ne mogaše ni na nebu ni na zemlji, ni pod zemljom da otvori knjige ni da zagleda u nju.

Ovdje, knjiga i „razlomiti pečate njene" se odnosi iskovan ugovor između Boga i đavola nakon Adamove nepokornosti i „onaj ko je dostojan da otvori knjigu i da razlomi pečate njene" mora biti kvalifikovan u skladu sa zakonom o otkupljenju zemljišta. Kada je apostol Jovan gledao unaokolo za onim koji može da otvori knjigu i da razbije njene pečate, on nije mogao da pronađe nikoga.

Jovan je gledao u nebo i tamo je bilo anđela ali ni jedan čovjek. On je pogledao na zemlju i vidio je samo Adamove potomke, sve griješnike. On je pogledao pod zemlju i video je samo griješnike osuđene na pakao i bića koja pripadaju đavolu. Jovan je plakao i plakao jer niko nije pronađen dovoljno kvalifikovan u skladu sa zakonom o otkupljivanju zemljišta (stih 4).

Onda jedan od starješina utješio je Jovana i rekao mu je: „Ne plači, evo je nadvladao lav, koji je od koljena Judinog, koren Davidov, da otvori knjigu i razlomi sedam pečata njenih" (stih 5). Ovde: „Lav od koljena Judinog, koren Davidov" se odnosi na Isusa, koji je od plemena Judinog i kuće Davidove; Isus Hrist je kvalifikovan da bude otkupilac u skladu sa zakonom o otkupljivanju zemljišta.

Iz Jevanđelja po Mateju 1:18-21, mi nailazimo na detaljan opis rođenja našeg Gospoda:

A rođenje Isusa Hrista bilo je ovako: kad je Marija, mati

Njegova, bila isprošena za Josifa, a još dok se nisu bili sastali, nađe se da je ona trudna od Duha Svetog. A Josif muž njen, budući pobožan i ne htjevši je javno sramotiti, namisli je tajno pustiti. No kad on tako pomisli, a to mu se javi u snu anđeo Gospodnji govoreći: „Josife, sine Davidov! Ne boj se uzeti Marije žene svoje; jer ono što se u njoj začelo od Duha je Svetog. Pa će roditi Sina, i nadeni Mu ime Isus; jer će On izbaviti svoj narod od grijeha njihovih."

Razlog zbog koga je Božji Sin Isus Hrist došao na ovaj svijet u tijelu (Jevanđelje po Jovanu 1:14), kroz matericu device Marije je taj što je Isus morao da bude čovjek ali ne potomak Adama, kako bi On bio kvalifikovan u skladu sa zakonom o otkupljivanju zemljišta.

Treće, otkupilac mora da ima moć.

Pretpostavimo da je mlađi brat postao siromašan i mora da proda zemlju i njegov stariji brat želi da otkupi zemlju za svog mlađeg brata. Onda, stariji brat mora da stekne dovoljno sredstva da bi je otkupio (Levitski Zakonik 25-26). Slično tome, ako je mlađi brat u velikim dugovima i ako stariji brat želi da ih vrati, stariji brat to može da učini kada ima „dovoljna sredstva" a ne samo sa dobrom namjerom.

Na isti način, kako bi preobratili griješnika u pravednog čovjeka, „određena sredstva" ili moć su potrebni. Ovdje, moć da se otkupi zemljište se odnosi na moć da se otkupe ljudi od njihovih grijehova. Drugim riječima, otkupilac svih ljudi koji je kvalifikovan u skladu sa zakonom o otkupljivanju zemljišta ne može da ima grijehove koji mogu da se nađu u njemu.

Pošto Isus Hrist nije Adamov potomak, On nema pravi grijeh. Niti je Isus imao samo-počinjene grijehove jer je On održavao zakon za vrijeme Njegovih 33. godina života na zemlji. On je bio obrezan osmog dana nakon Njegovog rođenja i prije Njegovog službovanja od trideset i tri godine, Isus se potpuno povinovao i volio je Njegove roditelje najviše i predano se pridržavao svim zapovjestima.

Zbog toga nam Poslanica Jevrejima 7:26 govori: „Jer takav nama trebaše poglavar svješteničke: svijet, bezazlen, čist, odvojen od griješnika, i koji je bio više nebesa." U 1. Petrovoj Poslanici

2:22-23 mi nailazimo: „grijeha ne učini, niti se nađe prevara u ustima Njegovim; koji ne psova kad Ga psovaše; ne preti kad strada; nego se oslanjaše na Onog koji pravo sudi."

Četvrto, otkupilac mora da ima ljubav.

Kako bi bilo ispunjeno otkupljivanje zemljišta, pored tri uslova od gore, zahtjevana je i ljubav. Bez ljubavi, stariji brat koji je mogao da otkupi zemljište za njegovog mlađeg brata, neće otkupiti zemlju. Čak iako je stariji brat bogatiji čovjek u zemlji dok njegov mlađi brat ima astronomsko veliki dug, bez ljubavi stariji brat neće pomoći mlađem bratu. Koje dobro će moć i bogatstvo starijeg brata doneti mlađem bratu?

U Ruti 4, je priča o Voasu, koji je bio mnogo svjestan uslova u kojima se Rutina svekrva Nojemina našla. Kada je Voas pitao „rođaka otkupioca" da otkupi Nojeminino nasljeđe, rođak otkupilac je odgovorio: „Ne mogu otkupiti, da ne raspem svoje nasledstvo. Otkupi ti šta bi trebalo da ja otkupim, jer ja ne mogu otkupiti" (stih 6). Onda je Voas, u njegovoj izobilnoj ljubavi, otkupio zemlju za Nojeminu. Nakon toga, Voas je bio mnogo blagosloven da bude pradeda Davida.

Isus, koji je došao na ovu zemlju u tijelu, nije bio potomak Adama zato što je On bio začet Svetim Duhom, i nije počinio nijedan grijeh. Zato, On je imao „dovoljna sredstva" da nas otkupi. Da Isus nije imao ljubavi međutim On ne bi izdržao agoniju razapeća. Ipak, Isus je bio toliko pun ljubavi da je On bio razapet od strane običnih bića, prolio je svu Njegovu krv i otkupio je čovječanstvo i na ovaj način otvorio put spasenja. Ovo je rezultat neizmjerive ljubavi našeg Oca Boga i žrtva Isusa koji je bio pokoran do tačke smrti.

Razlog zbog koga je Isus okačen na drvetu

Zašto je Isus bio okačen na drveni krst? Ovo je da bi se zadovoljio zakon duhovnog kraljevstva, koje propisuje:„Hristos je nas iskupio od kletve zakonske postavši za nas kletva, jer je pisano: „Proklet svaki koji visi na drvetu"" (Poslanica Galaćanima 3:13). Isus je bio okačen na drveni krst zbog nas kako bi On mogao da otkupi nas griješnike od „zakonske kletve."

Levitski Zakonik 17:11 nam govori: „Jer je duša tijelu u krvi; a ja sam vam je odredio za oltar da se čiste duše vaše; jer je krv što dušu očišća" U Poslanici Jevrejima 9:22 čitamo: „I gotovo sve se krvlju čisti po zakonu, i bez prolivanja krvi ne biva oproštenje." Krv je oproštaj zato što „ne postoji praštanje" bez prolivanja krvi. Isus je prolio Njegovu nevinu i dragocijenu krv kako bi mi mogli da dobijemo život.

Šta više, kroz Njegove patnje na krstu, vjernici su oslobođeni od prokletstva bolesti, slabosti, siromaštva i slično tome. Pošto je Isus živio u siromaštvu dok je bio na zemlji, On je brinuo o siromašnima. Pošto je Isus bio šiban, mi smo oslobođeni od svih naših bolesti. Pošto je Isus nosio krunu od trnja, On nas je otkupio od grijehova koje smo mi počinili u mislima. Pošto su Isusu probijani ekseri kroz Njegove ruke i noge, On nas je otkupio od svih naših grijehova koje smo počinili našim rukama i nogama.

Vjerovanje u Gospoda je da se promjenimo u istinu

Ljudi koji iskreno razumiju proviđenje sa krsta i vjeruju u njega iz dubine njihovih srca će se otarasiti od grijehova i živjeće po volji Božjoj. Kao što nam Isus govori u Jevanđelju po Jovanu 14:23: „Ko ima ljubav k Meni, držaće riječ Moju; i Otac Moj imaće ljubav k njemu; i k njemu ćemo doći, i u njega ćemo se staniti," takav pojedinac će primiti Božju ljubav i blagoslove.

Zašto onda, ljudi koji priznaju svoju vjeru u Gospoda ne dobijaju odgovore u svojim molitvama i žive u sredini iskušenja i nesreća? To je zato što, čak iako oni možda kažu da vjeruju u Boga, Bog ne smatra njihovu vjeru kao iskrenu vjeru. Ovo znači da uprkos tome da su čuli riječ Božju, oni se nisu otarasili od svojih grijehova i nisu se promjenili se u istinu.

Na primjer, postoje brojni vjernici koji nisu uspjeli da se povinuju Deset Zapovjestima, osnovama života u Hristu. Takvi pojedinci su svjesni zapovjesti: „Sjeti se dana Sabata i održavaj ga svetim." Ipak, oni samo posjećuju jutarnje službe ili ne prisustvuju ni jednoj službi i rade sopstveni posao na Gospodnji dan. Oni znaju da treba da daju desetak ali pošto im je novac veoma drag, oni ne daju cio desetak. Kada nam je Bog izričito rekao da ako ne damo cijeli desetak onda je to „zakidanje" Njega, kako će oni dobiti odgovore i blagoslove (Malahija 3:8).

Onda postoje oni vjernici koji ne praštaju greške i krivicu drugih. Oni postaju ljuti i kuju planove kako da uzvrate na isti stepen zlobe. Neki daju obećanja ali ih krše sada i opet, dok drugi okrivljuju i tužakaju se, upravo kao što to svjetovni ljudi rade. Kako se za njih može reći da posjeduju iskrenu vjeru?

Ako mi imamo iskrenu vjeru, mi moramo da se borimo da uradimo sve stvari u skladu sa voljom Božjom, da izbjegnemo svaku vrstu zla, da ličimo na našeg Gospoda koji je predao Njegov sopstveni život za nas grešnike. Takvi ljudi mogu da oproste i vole one koji ih mrze i koji su ih povrijedili i uvijek služe i žrtvuju sebe za druge.

Kada se otarasite preke naravi, vi ćete biti preobraćeni u vrstu osobe čije usne će samo izgovarati riječi dobrote i topline. Ako ste se žalili ranije u svakoj prilici, sa iskrenom vjerom vi ćete se okrenuti i davaćete zahvalnost u svim uslovima i širićete milost prema svima onima u vašoj okolini.

Ako mi iskreno vjerujemo u Gospoda, svako od nas mora da liči na Gospoda i da vodi preobraćeni život. Ovo je način na koji možemo da dobijemo Božje odgovore i blagoslove.

Poslanica u Jevrejima 12:1-2 nam govori:

Zato, dakle, i mi imajući oko sebe toliku gomilu svjedoka, da odbacimo svako breme i grijeh koji je za nas prionuo, i s trpljenjem da trčimo u bitku koja nam je određena, gledajući na Načelnika vjere i Svršitelja Isusa, koji mjesto određene sebi radosti pretrpe krst, ne mareći za sramotu, i sede s desne strane prijestolja Božjeg.

Pored mnogih predaka vjere mi nailazimo u Bibliji, pored onih što su u našoj okolini, da postoje mnogi ljudi koji su dobili spasenje i blagoslove sa svojom vjerom u našeg Gospoda.

Kao „tolika gomila svjedoka," dozvolite nam da posjedujemo iskrenu vjeru! Dozvolite nam da odbacimo sve što nas ometa i grijeh koji se lako uplice i da se borimo da ličimo na našeg Gospoda! Samo onda, baš kao što je Isus obećao u Jevanđelju po Jovanu 15:7: „Ako ostanete u meni i riječi moje u vama ostanu, šta god hoćete ištite, i biće vam" svako od vas će da vodi život koji je ispunjen sa Njegovim odgovorima i blagoslovima.

Ako vi još ne vodite takav život, pogledajte unazad na svoj život, rastrgnite vaše srce i pokajte se što niste pravilno vjerovali u Gospoda i riješite da živite samo po riječi Božjoj.

Da svako od vas posjeduje iskrenu vjeru, iskusi Božju moć i uveliko slavi Njega sa svim vašim odgovorima i blagoslovima, u ime našeg Gospoda Isusa Hrista ja se molim!

Poruka 3
Posuda mnogo ljepša od dragog kamena

2. Timotiju Poslanica 2:20-21

*A u velikom domu
nisu sudi samo zlatni i srebrni,
nego i drveni i zemljani:
i jedni za čast, a jedni za sramotu.
Ako dakle ko očisti sebe od ovog, biće sud za čast,
osvećen, i potreban Domaćinu,
pripravljen za svako dobro djelo*

Bog je stvorio čovječanstvo kako bi On mogao da požanje iskrenu djecu sa kojom će On dijeliti iskrenu ljubav. Ipak, ljudi su zgriješili, išli su stranputicom od prave namjere njihove kreacije i postali su robovi neprijatelja đavola i Sotone (Poslanica Rimljanima 3:23). Bog ljubavi međutim, nije odustao od cilja žetve iskrene djece. On je otvorio put spasenja za pronađene ljude u sredini grijeha. Bog je imao jednog i jedinog Sina Isusa razapetog na krstu kako bi On mogao da otkupi sve ljude od grijehova.

Sa ovom nevjerovatnom ljubavlju praćenu velikim žrtvovanjem, za svakoga ko vjeruje u Isusa Hrista, put spasenja je otvoren. Svako ko vjeruje u svom srcu da je Isus umro i izdigao se iz groba i priznaje sa njegovim usnama da je Isus Spasitelj, pravo kao dijete Božje je dato.

Božja voljena djeca opisana kao „posude"

Kao što u 2. Timotiju Poslanici 2:20-21 čitamo: „A u velikom domu nisu sudi samo zlatni i srebrni, nego i drveni i zemljani: i jedni za čast, a jedni za sramotu. Ako dakle ko očisti sebe od ovog, biće sud za čast, osvećen, i potreban domaćinu, pripravljen za svako dobro djelo," namjena posude je da sadrži predmete. Bog opisuje Njegovu djecu kao „posudu" zato što u njima On može da ispuni Njegovu ljubav i milost i Njegovu riječ koja je istina a takođe i Njegovu moć i vlast. Prema tome, mi moramo da razumijemo da u zavisnosti kakvu smo posudu mi pripremili, mi možemo da uživamo u svim vrstama dobrih darova i blagoslova koje je Bog pripremio za nas.

Koja vrsta posude je onda pojedinac koji može da sadrži sve blagoslove koje je Bog pripremio? To je posuda koju Bog smatra dragocijenom, plemenitom i lijepom.

Prvo, „dragocijena" posuda je onaj koji u potpunosti ispunjava njegove Bogom date dužnosti. Jovan Krstitelj koji je pripremio put za našeg Gospoda Isusa i Mojsije koji je poveo Izraelce iz Egipta, pripadaju ovoj kategoriji.

Sljedeće, „plemenita" posuda je onaj sa takvim kvalitetima kao što su poštenje, iskrenost, odvažnost i vjernost, sve ono što je rijetkost među običnim ljudima. Josif i Danilo, obojica koji su održavali pozicije i imali jednake premijerima moćnih zemalja i veoma slavili Boga, pripadaju ovoj kategoriji.

Na kraju, „lijepa" posuda ispred Boga je onaj sa dobrim srcem koji se nikada ne raspravlja ili prepire već u istini prihvata i toleriše sve stvari. Jestira koja je spasila njene zemljake i Avram koji je bio nazvan Božjim „prijateljem" pripadaju ovoj kategoriji.

„Posuda mnogo ljepša od dragog kamena" je pojedinac koji posjeduje kvalifikacije da bude cijenjen kao dragocijen, plemenit i lijep od Boga. Dragulj sakriven u šljunku je odmah uočljiv. Slično tome, svi Božji ljudi koji su mnogo ljepši od dragulja su bez sumnje uočljivi.

Većina dragulja je skupa zbog njihove veličine, ali sjaj i njihova različitost i ipak karakteristične boje privlače ljude u potrazi za ljepotom. Međutim, ne smatraju se svi sjajni kameni draguljem. Pravi nakit mora takođe da posjeduje nijanse i sjaj kao i fizičku čvrstinu. Ovdje „fizička čvrstina" se odnosi na materijalnu toplotu, da nije u kontaktu sa drugim supstancama i da zadrži svoj oblik. Drugi važan faktor je rijetkost.

Da postoji posuda prekrasne sjajnosti, fizičke čvrstine i rijetka, koliko dragocijena, plemenita i lijepa bi bila ta posuda? Bog želi da Njegova djeca postanu posude mnogo ljepše od dragulja i želi da vode blagoslovene živote. Kada Bog otkrije takvu posudu, On obilno u nju uliva znakove Njegove ljubavi i zadovoljstvo.

Kako mi možemo da postanemo posuda mnogo ljepša od dragulja iz Božjeg pogleda?

Prvo mi morate da postignete posvećenost u srcu sa riječi Božjom, koja je sama istina.

Kako bi posuda bila korišćena u skladu sa njenom pravom namjerom, iznad svega ona mora biti čista. Čak i najskuplja, zlatna posuda ne može biti iskorišćena ako je izmazana i ako je primetan miris. Samo onda kada je ova skupa, zlatna posuda očišćena u vodi, može biti iskorišćena u njenoj namjeri.

Isti princip je predstavljen sa Božjom djecom. Za Njegovu djecu, Bog je pripremio obilne blagoslove i različite darove, blagoslove bogatstva, zdravlja i slično tome. Kako bi mi dobili takve blagoslove i darove, mi moramo najprije da pripremimo sebe kao čiste posude.

Mi nailazimo u Jeremiji 17:9: „Srce je prevarno više svega i opako; ko će ga poznati?" Mi takođe nalazimo u Jevanđelju po Mateju 15:18-19, u kome Isus kaže: „A šta izlazi iz usta iz srca izlazi, i ono pogani čovjeka. Jer od srca izlaze zle misli, ubistva, preljube, kurvarstva, krađe, lažna svjedočanstva, hule na Boga." Prema tome, samo nakon što očistimo naša srca mi možemo da postanemo čiste posude. Odmah sa čistom posudom, niko od nas neće ikada misliti „zle misli," izgovoriti zle riječi ili izvesti loša djela.

Čišćenje naših srca je moguće samo sa duhovnom vodom, riječi Božjom. Zbog toga nam On naređuje u Poslanici Efežanima 5:26: „da je osveti [nas] očistivši je [nas] kupanjem vodenim u riječi," i u Poslanici Jevrejima 10:22 On ohrabruje svakog od nas da: „Da pristupamo s istinim srcem u punoj vjeri, očišćeni u srcima od zle savjesti, i umiveni po tijelu vodom čistom."

Kako nas onda duhovna voda - riječ Božja- čisti? Mi moramo

da se povinujemo različitim zapovijestima nađenim u šezdeset i šest knjiga Biblije koja služe „čišćenju" srca. Povinovanjem ovim zapovjestima kao što je: „Ne čini" i „Odbaci" će nas na kraju povesti da izbacimo iz nas sve što je griješno i zlo.

Ponašanje onih koji su pročistili svoja srca sa Njegovom riječi će se takođe promjeniti i osvjetliće Hristovu svjetlost. Međutim, povinovati se riječi ne može biti ispunjeno samo sa nečijom sopstvenom snagom ili jakom željom; Sveti Duh mora da ga vodi i da mu pomogne.

Kada mi čujemo i razumemo Riječ, otvorimo naša srca i prihvatimo Isusa kao našeg Spasitelja, Bog nam daje Svetog Duha kao dar. Sveti Duh boravi u ljudima koji su prihvatili Isusa kao njihovog Spasitelja i pomaže im da čuju i razumiju riječ istine. Sveto pismo nam govori da: „Šta je rođeno od mesa, meso je; a šta je rođeno od Duha, duh je"(Jevanđelje po Jovanu 3:6). Djeca Božja koja dobijaju Svetog Duha kao dar mogu da se otarase od grijeha svakog dana uz moć Svetog Duha i postanu duhovni ljudi.

Je li neko od vas uznemiren i zabrinut, misleći: „Kako ću ja da održavam sve ove zapovijesti?"

1. Jovanova Poslanica 5:2-3 nas podsjeća: „I po tom razumijemo da Ga poznasmo, ako zapovijesti Njegove držimo. Jer je ovo ljubav Božja da zapovijesti Njegove držimo; i zapovijesti Njegove nisu teške." Ako vi volite Boga iz dubine vašeg srca, povinovanje Njegovim zapovijestima ne bi trebalo da bude teško.

Kada roditelji rađaju njihovu djecu, roditelji gledaju na svaki aspekat njihovog djeteta, uključujući hranjenje, oblačenje, kupanje i slično tome. Sa jedne strane, ako roditelji paze na dijete koje nije njihovo, ono će se možda osjećati nelagodno. Sa druge strane, ako roditelji paze na sopstveno dijete, ono nikada neće osjetiti nelagodnost. Čak i ako se dijete probudi i plače u sred noći, roditelji se ne osjećaju dosadno; oni jednostavno vole mnogo svoje dijete. Raditi nešto za one voljene je izvor velike radosti i sreće; i to nije teško ili iritirajuće. Na isti način, ako mi iskreno vjerujemo da je Bog Otac našeg duha i da je u Njegovoj neizmjernoj ljubavi On dao Njegovog jednog i jedinog Sina da bude razapet na krstu za nas, kako mi možemo da ga ne volimo? Šta više, ako mi volimo Boga, živimo po Njegovoj riječi to neće biti teško. Umjesto toga, biće teško i bolno kada mi ne živimo po Božjoj riječi ili kada se ne povinujemo Njegovoj volji.

Ja sam patio od raznih bolesti sedam godina sve dok me starija sestra nije odvela u Božji hram. Kroz dobijanje vatre Svetog Duha i iscjeljenje od svih mojih bolesti u momentu ja sam kleknuo dole u hramu i sreo sam živog Boga. Ovo je bilo aprila 17. 1974.godine. Od tog vremena, počeo sam da posjećujem sve vrste službe bogosluženja u punoj zahvalnosti u Božjoj milosti. U novembru te godine, ja sam posjetio prvu službu preporoda na kojoj sam počeo da učim Njegovu Riječ, osnovu života jedinke u Hristu:

„Oh, ovako izgleda Bog!"

„Ja moram da odbacim sve moje grijehove."

„Ovo se događa kada ja vjerujem!"

„Moram da prestanem da pušim i pijem."

„Počeću učestalo da se molim."

„Davanje desetka je obavezno,
 i ja neću doći ispred Boga praznih ruku."

Autor dr. Džerok Li

Cijele nedjelje, ja sam dobio riječ samo „Amin" u mom srcu.

Posle te službe preporoda, ja sam prestao da pušim i pijem i počeo sam da dajem desetak i žrtve zahvalnosti. Ja sam takođe počeo i da se molim i ubrzo sam postao čovjek od molitve. Radio sam upravo onako kako sam učio i počeo sam takođe i da čitam Bibliju.

Ja sam bio iscijeljen od svih mojih bolesti i slabosti, koju ni jednu nisam mogao da izliječim bilo kojim svjetskim sredstvima, a u trenu sa moći Božjom. Prema tome, ja u potpunosti mogu da vjerujem u svaki stih i poglavlje Biblije. Još kada sam bio početnik u vjeri u to vrijeme, postojali su neki dijelovi Svetog Pisma koje nisam mogao lako da shvatim. Ipak, zapovijesti sam ja mogao da razumijem i odmah sam im se povinovao. Na primjer, kada mi je Biblija govorila da ne lažem, ja sam zauzvrat tome govorio: „Laž je grijeh! Biblija mi je govorila da ne smijem da lažem, tako da ja neću lagati." Ja sam se takođe molio: „Bože, molim te pomozi mi da odbacim nenamjerno laganje!" To nije bilo da sam ja prevario ljude sa zlim srcem, ali sam čak uporno molio da mogu da se zaustavim čak i u nenamjernom laganju.

Mnogi ljudi lažu i većina njih i ne shvata da lažu. Kada neko, sa kim vi ne želite da razgovarate telefonom, pozove, niste li čak ravnodušno rekli vašoj djeci, saradnicima ili prijateljima: „Reci mu da nisam ovdje?" Mnogi ljudi lažu zato što su „pažljiviji" od drugih. Takvi ljudi lažu kada su na primjer upitani da li žele nešto da pojedu ili popiju kada su u posjeti drugima. Čak iako nisu jeli ili su žedni, gost koji ne želi da bude „težak" često kaže njegovom domaćinu: „Ne, hvala. Uzeo sam nešto da pojedem (ili popijem) prije nego što sam došao ovdje." Međutim, čak i kada sam shvatio da je laž čak i sa dobrom namjerom ipak laž, ja sam se stalno molio da odbacim laganje i na kraju ja sam mogao čak i da odbacim i nenamjerno laganje.

Šta više, napravio sam spisak svega što je zlo i griješno i što sam trebao da odbacim i molio sam se. Samo onda kada sam bio ubeđen da sam zasigurno odbacio one zle i griješne navike ili dela jedno za drugim, tu stavku sam prešarao crvenom olovkom. Ako je postojalo nešto zlobno i griješno što nisam mogao lako da odbacim nakon određene molitve, ja sam počinjao da postim bez odlaganja. Ako ja nisam mogao da uspijem poslije tri dana posta, produžio bi post na pet dana. Ako sam ponavljao isti grijeh, onda bi počeo sa postom od sedam dana. Međutim, rijetko sad držao post od nedelju dana; nakon tri dana posta, ja sam mogao da odbacim većinu grijehova i zla. Koliko god sam odbacivao zlo kroz ponavljanje takvog procesa, ja sam postajao sve čistija posuda.

Tri godine kasnije nakon što sam sreo Gospoda, ja sam odbacio sve što je bilo nepokorno prema riječi Božjoj i mogao sam da budem cijenjen kao čista posuda iz Njegovog pogleda. Pored toga, pošto sam se svjesno i marljivo pridržavao zapovijesti, uključujući: „Čini" i „Pridržavaj se," ja sam mogao da živim po Njegovoj riječi u vrlo kratkom periodu vremena. Kako sam se preobratio u čistu posudu, Bog me je obilno blagoslovio. Moja porodica je dobila blagoslov zdravlja. Ja sam mogao ubrzo da vratim sve dugove. Dobio sam blagoslov i fizički i duhovan. Ovo je zato što nas Biblija uvjerava kao što slijedi: „Ljubazni, ako nam srce naše ne zazire, slobodu imamo pred Bogom; i šta god zaištemo, primićemo od Njega, jer zapovijesti Njegove držimo i činimo šta je Njemu ugodno" (1. Poslanica Jovanova 3:21-22).

Drugo, kako bi postali posuda mnogo ljepša od dragulja, vi morate biti „pročišćeni vatrom" i da osvetlite duhovnu svjetlost.

Skupo drago kamenje na prstenju i ogrlicama nekada je bilo nečisto. Međutim, njih su pročistili juveliri i počeli su da odaju briljantnu svjetlost i da imaju predivan oblik.

Baš kao što ovi juveliri seku, poliraju i pročišćavaju vatrom ovo drago kamenje i pretvaraju ih u prelijepe oblike sa velikom pohlepom, Bog disciplinuje Njegovu djecu. Bog ih disciplinuje ne zbog njihovih grijehova, već da kroz disciplinu On može fizički i duhovno da ih blagoslovi. U očima Njegove djece koja nisu griješila ili počinila ništa loše, možda će izgledati da oni mora da izdrže bol i patnju iskušenja. Ovo je proces kroz koji Bog uvježbava i disciplinuje Njegovu djecu tako da bi oni mogli da sjaje mnogo ljepšim bojama i pohlepom. 1. Petrova Poslanica 2:19, nas podsjeća: „Jer je ovo ugodno pred Bogom ako Boga radi podnese ko žalosti, stradajući na pravdi." Mi takođe čitamo: „da se kušanje vaše vjere mnogo vrijednije od zlata propadljivog koje se kuša ognjem nađe na hvalu i čast i slavu, kad se pokaže Isus Hristos" (1. Petrova Poslanica 1:7).

Čak iako su djeca Božja već odbacila sve vrste zla i postali su pročišćene posude, u vrijeme Njegovog odabira, Bog im dozvoljava da budu disciplinovani i tako pokušava da bi oni mogli da izađu naprijed kao posude mnogo ljepše nego dragulji. Kao što nam druga polovina 1. Jovanove Poslanice 1:5 govori: „Bog je vidjelo, i tame u Njemu nema nikakve," Bog je veličanstvena sama svjetlost bez mrlja ili mana, On vodi Njegovu djecu do istog nivoa svjetlosti.

Prema tome, kada vi prevaziđete bilo koje iskušenje koje je Bog dozvolio u dobroti i ljubavi, vi ćete postati mnogo svijetlija i ljepša posuda. Nivo duhovne vlasti se razlikuje u skladu sa sjajem duhovnog svjetla. Osim toga, kada duhovna svjetlost svijetli, neprijatelj đavo i Sotona nemaju mjesta gdje da stoje.

U Jevanđelju po Marku 9 je scena u kojoj Isus istjeruje zle duhove iz dječaka čiji je otac preklinjao Isusa da iscijeli njegovog sina. Isus je prekorio zle duhove. „Duše nemi i gluvi, Ja ti zapovijedam, izađi iz njega i više ne ulazi u njega" (stih 25). Zli duh napustio je dječaka, koji je postao opet zvuk. Prije ove scene je još jedna epizoda u kojoj je otac doveo njegovog sina do

Isusovih učenika, koji nisu mogli da istjeraju zlog duha. To je zato što se nivo duhovne svjetlosti učenika i nivo Isusove duhovne svjetlosti razlikuje.

Šta onda mi moramo da uradimo da uđemo u nivo Isusove duhovne svjetlosti? Mi možemo da budemo pobjednici u bilo kojim iskušenjima sa čvrstim vjerovanjem u Boga, da prevaziđemo zlo sa dobrim i da čak volimo naše neprijatelje. Shodno tome, jednom kada vaša dobrota, ljubav i pravednost budu smatrane iskrenim baš kao i Isus, vi možete da istjerate zle duhove i da iscijelite bilo koju bolest ili slabost.

Blagoslovi za posude mnogo ljepše nego dragulji

Kao što sam hodao stazama vjere tokom godina, ja sam takođe i izdržao u mnogim iskušenjima. Na primjer, na optužbe u televizijskom programu prije nekoliko godina, ja sam izdržao iskušenja koja su bila toliko bolna i teška kao smrt. Kao posledica, ljudi koji su dobili milost kroz mene i mnogi drugi koje sam dugo smatrao bliskim kao porodicu su me izdali.

Svjetovnim ljudima, ja sam postao predmet nesloge i meta srama, dok su članovi Manmina patili i bivali su pogriješno optuživani. Bez obzira na to, članovi Manmina i ja smo prevazišli to iskušenje sa dobrotom i kako smo sve predali Bogu, mi smo preklinjali Boga ljubavi i milosti da im oprosti.

Šta više, ja nisam mrzio one koji su napustili i učinili stvari teškim za crkvu. U sredini ovog mračnog iskušenja, ja sam predano vjerovao da me je Otac Bog volio. Tako sam ja mogao da se suočim čak i sa onima koji su činili loše samo sa dobrotom i ljubavlju. Kao što student dobija priznanje za njegov naporan rad i zasluge kroz ispite, jednom je moja vjera, dobrota, ljubav i pravednost dobila Božje priznanje, On me je blagoslovio da izvodim i manifestujem Njegovu moć u velikoj mjeri.

Posle iskušenja, On je otvorio vrata kroz koja ću ja da ispunim svjetsku misiju. Bog je tako činio da desetine hiljada, stotine hiljada i čak i milioni ljudi će se okupiti na prekomorskim pohodima koji sam ja predvodio i On je bio sa mnom sa Njegovom moći koja je prevazilazila vrijeme i prostor.

Duhovna svjetlost sa kojom nas Bog okružuje je mnogo

svjetlija i ljepša od bilo kog dragog kamena na ovom svijetu. Bog smatra one Njegovom djecom koje okružuje sa duhovnom svjetlošću da postanu posude mnogo ljepše od dragulja.

Prema tome, da svako od vas brzo ispuni pročišćavanje i postane posuda koja svijetli ispitno-dokazanim duhovnim svjetlom i da je mnogo ljepši od dragulja tako da možete da dobijete sve što potražite i vodite blagosloveni život, u ime našeg Gospoda Isusa Hrista ja se molim!

Poruka 4
Svjetlost

1. Jovanova Poslanica 1:5

I ovo je obećanje
koje čusmo od Njega
i javljamo vama,
da je Bog vidjelo,
i tame u Njemu nema nikakve.

Postoje mnogo vrsta svjetlosti i u svakoj od njih je po sebi sopstvena čudesna sposobnost. Iznad svega, ona osvjetljava tamu, daje toplinu i ubija štetne bakterije ili gljivice. Sa svjetlom, biljke mogu da se održe u životu kroz fotosintezu.

Međutim, postoji fizička svjetlost koju možemo da vidimo golim okom i dodirnemo je i duhovna svjetlost koju ne možemo da vidimo i dodirnemo. Baš kao što fizička svjetlost ima mnogo sposobnosti, u duhovnoj svjetlosti je neizmjerivi broj sposobnosti. Kada u toku noći svjetlost sija, tama odmah nestaje.

Na isti način, kada duhovna svjetlost sija u našim životima, duhovna tama će brzo nestati dok hodamo u Božjoj ljubavi i milosti. Pošto je duhovna tama korijen bolesti i problemima kod kuće, na poslu i u odnosima, mi ne možemo da pronađemo pravu utjehu. Međutim, kada duhovna svjetlost zasija u našim životima, problemi koji su van granica ljudskog znanja i sposobnost mogu biti riješene i svim našim željama će biti odgovoreno.

Duhovna svjetlost

Šta je duhovna svjetlost i kako ona djeluje? Mi nailazimo u drugoj polovini 1. Jovanove Poslanice 1:5: „Da je Bog vidjelo, i tame u Njemu nema nikakve," i u Jevanđelju po Jovanu 1:1: „i Bog beše Riječ." Sve u svemu, „svjetlost" se ne odnosi samo na Samog Boga već takođe i na Njegovu riječ koja je istina, dobrota i ljubav. Prije stvaranja svih stvari, u prostranom univerzumu Bog je postojao sam i nije preuzeo nikakav oblik. Kao zajednicu svjetlosti i zvuka, Bog je sjedinio cio univerzum. Brilijantna, veličanstvena i prelijepa svjetlost okružila je cijeli univerzum i iz te svjetlosti je izašao elegantan, jasan i nadmen glas.

Bog koji je postojao kao svjetlost i zvuk dizajnirao je proviđenje o kultivaciji čovječanstva da bi požnjeo iskrenu djecu. Onda je On stavio jedan oblik, odvojio je Sebe u Trojstvo i po Njegovom liku je stvorio čovječanstvo. Međutim, suština Božja je još uvijek svjetlost i zvuk i On i dalje čini po svjetlosti i zvuku. Čak iako je On u obliku ljudskog bića, u tom obliku su svjetlost i zvuk Njegove beskonačne moći.

Pored Božje moći, postoje i drugi elementi istine, uključujući ljubav i dobrotu u ovom duhovnom svjetlu. Šezdeset i šest knjiga Biblije je zbirka istine duhovne svjetlosti izgovorene u zvuku. Drugim riječima, „svjetlost" se odnosi na sve zapovijesti i stihove u Bibliji u odnosu na dobrotu, pravednost i ljubav, uključujući: „Volite jedan drugoga," „Neprestano se molite," „Održavajte Sabat," „Povinujte se Deset zapovjestima i slično tome."

Hodajte u svjetlosti kako bi sreli Boga

Dok Bog vlada nad svijetom svjetlosti, neprijatelj đavo i Sotona vladaju nad svijetom tame. Šta više, pošto se neprijatelj đavo i Sotona suprotstavljaju Bogu, ljudi koji žive u svijetu tame ne mogu da sretnu Boga. Prema tome, da bi sreli Boga, da vaši različiti životni problemi budu riješeni, vi morate brzo da izađete iz svijeta tame i da uđete u svijet svjetlosti.

U Bibliji mi nailazimo na zapovjest: „Čini." Ovo uključuje: „Volite jedan drugoga," „Služite drugima," „Molite se," „Budite zahvalni" i slično tome. Takođe postoje zapovijesti: „Održavaj," koje uključuju: „Održavaj Sabat," „Održavaj Deset Zapovijesti,"

„Održavaj Božje Zapovijesti" i slično tome. Onda postoje mnogo zapovijesti: „Ne," koje uključuju: „Ne laži," „Ne mrzi," „Ne traži sopstvenu korist," „Ne služi idolima," „Ne kradi," „Ne budi ljubomoran," „Ne mrzi," „Ne ogovaraj" i slično tome. Postoje takođe zapovijesti: „Odbaci" koje uključuju: „Odbaci sve vrste zla," „Odbaci ljutnju i ljubomoru," „Odbaci pohlepu" i slično tome.

Sa jedne strane, povinovanjem ovim zapovijestima Božjim je živjeti u svjetlosti, ličiti na našeg Gospoda i ličiti na našeg Oca Boga. Sa druge strane, ako ne radite onako kako vam je Bog rekao, ako ne održavate ono što vam je On rekao da održavate, ako činite ono što je On rekao da ne činite i ako ne odbacite ono što vam je On rekao da odbacite vi ćete nastaviti da boravite u tami. Prema tome, zapamtite da ne povinovanje riječi Božjoj znači da smo mi u svijetu tame kojim vlada neprijatelj đavo i Sotona, mi moramo uvijek da živimo po Njegovoj riječi i da hodamo u svjetlu.

Zajednica sa Bogom kada hodamo u svjetlosti

Kao što nam prva polovina 1. Jovanove Poslanice 1:7 govori: „Ako li u vidjelu hodimo, kao što je On sam u vidjelu, imamo zajednicu jedan s drugim," samo kada mi hodamo i boravimo u svjetlosti za nas može da se kaže da smo u zajednici sa Bogom.

Baš kao što postoji zajednica između oca i njegove djece, mi takođe moramo da imamo zajednicu sa Bogom, Ocem našeg duha. Međutim, kako bi učvrstili i zadržali tu zajednicu sa Njime, mi moramo da ispunimo jedan zahtjev: da odbacimo grijeh dok hodamo u svjetlosti. Zbog toga: „Ako kažemo da imamo zajednicu s Njim a u tami hodimo, lažemo i ne tvorimo istine" (1. Jovanova Poslanica 1:6).

„Zajednica" nije jednostrana. Samo zato što nekoga poznajete, to ne znači da imate zajednicu sa tom osobom. Samo kada obe strane postanu dovoljno bliske da znaju istinu, da zavise jedna od druge i razgovaraju jedna sa drugom, može biti „zajednica" između obe strane.

Na primjer, većina vas zna kralja ili predsjednika vaše zemlje. Bez obzira koliko dobro znate ili poznajete predsjednika ako on vas ne poznaje, tu ne postoji zajednica između vas i predsjednika. Šta više, u zajednici postoje različite dubine u odnosu na nju. Vas dvojica možete biti samo poznanici; vas dvojica možete biti malo bliži da bi pitali jedan drugoga kako vam ide s vremena na vrijeme; vas dvojica možete imati intimniji odnos da podjelite čak i najdublje tajne.

Ovo je isto i sa zajednicom sa Bogom. Da bi naša zajednica sa Njim bila iskrena zajednica, Bog mora da nas poznaje i da nas prizna. Ako mi imamo duboku zajednicu sa Njim, mi nećemo biti bolesni ili slabi i neće postojati ništa za šta nećemo dobiti odgovore. Bog želi da da Njegovoj djeci samo najbolje i govori nam u Knjizi Ponovljenih Zakona 28 da kada se mi u potpunosti povinujemo našem Bogu i pažljivo pratimo sve Njegove Zapovijesti, mi ćemo biti blagosloveni kada uđemo i blagosloveni kada izađemo; mi ćemo davati ali nećemo pozajmljivati od nikoga; i mi ćemo biti glava a ne rep.

Očevi vjere koji su imali iskrenu zajednicu sa Bogom

Koju vrstu zajednice je David, koga je Bog smatrao: „čovjeka po srcu Mom" (Djela Apostolska 13:22), imao sa Njim? David je volio, plašio se i zavisio je u potpunosti od Boga u svakom vremenu. Kada je on bježao od Saula ili išao u bitku, kao dijete koje bi pitalo jednog pa drugog roditelja šta da uradi, David je uvijek pitao: „Šta da uradim? Gdje da idem?" i uradio je kako mu je Bog zapovijedio. Šta više, Bog je uvijek dao Davidu nježne i detaljne odgovore i kako je Bog radio kako mu je Bog rekao on je mogao da dostigne pobjedu za pobjedom (2. Samuelova 5:19-25).

David je mogao da uživa u prelijepoj zajednici sa Bogom zato što, sa njegovom vjerom, David je udovoljavao Bogu. Na primjer, u ranijoj vladavini kralja Saula, Filistejci su napali Izrael. Filistejci su bili vođeni Golijatom, koji je ismijavao Izraelske trupe i hulilio i prkosio Božjem imenu. Ipak, niko iz Izraelskog kampa nije se usudio da izazove Golijata. U to vrijeme, čak iako je bio mlad čovjek, David se suočio sa Golijatom nenaoružan i samo sa pet glatkih kamena iz potoka zato što je vjerovao u svemogućeg Boga Izraela da je bitka pripadala Bogu (1. Samuelova 17). Bog je tako radio tako da bi Davidov kamen pogodio Golijatovo čelo. Nako što je Golijat umro, plima se okrenula i Izrael je dostigao totalnu pobjedu.

Zbog ove čvrste vjere, David je bio smatran za: „čovjeka po srcu Mom" od Boga i kao što će otac i sin sa bliskom zajednicom diskutovati o svakoj stvari, David je mogao da ispuni sve stvari sa Bogom na njegovoj strani.

Biblija nam takođe govori da je Bog govorio sa Mojsijem licem u lice. Na primjer, kada je Mojsije smjelo tražio od Boga da pokaže Njegovo lice, Bog je nestrpljivo želio da mu da sve što je potražio (Izlazak 33:18). Kako je Mojsije mogao da imao blisku zajednicu sa Bogom?

Odmah nakon što je Mojsije poveo Izraelce van Egipta, on je postio i komunicirao je sa Bogom četrdeset dana na vrhu planine Sinaj. Kada se odužio Mojsijev povratak, Izraelci su napravili idola kome su mogli da služe. Nakon što je vidio ovo, Bog je rekao Mojsiju da će On uništiti sve Izraelce i da će od Mojsija napraviti veliku naciju (Izlazak 32:10).

Na ovo, mojsije je molio Boga: „Povrati se od gnjeva svog, i požali narod svoj oda zla" (Izlazak 32:12). Sljedećeg dana, on je molio opet Boga: „Molim Ti se, narod ovaj ljuto sagriješi načinivši sebi bogove od zlata. Ali sada, ako Ti hoćeš, oprosti im grijeh: Ako li nećeš, izbriši me iz knjige Svoje, koju si Ti napisao!" (Izlazak 32:31-32) Koliko su nevjerovatne i iskrene molitve ljubavi ovo bile!

Šta više, mi nailazimo u Brojevima 12:3: „A Mojsije bijaše čovjek vrlo krotak mimo sve ljude na zemlji." U Brojevima 12:7, čitamo: „Ali nije takav Moj sluga Mojsije, koji je vjeran u svem domu Mom." Sa ovim velikim i krotkim srcem, Mojsije je mogao da bude vjeran u cijeloj Božjoj kući da uživa u bliskoj zajednici sa Bogom.

Blagoslovi za ljude koji hodaju u svjetlosti

Isus, koji je došao na ovu zemlju kao svjetlo zemlje, učio je samo o istini i jevanđelju neba. Ljudi u djelima tame koji pripadaju neprijatelju đavolu, međutim ne mogu da razumiju svjetlo čak i kada je objašnjeno. U njihovom protivljenju, ljudi u svijetu tame ne mogu da prihvate svjetlost niti da prime spasenje već umjesto toga odlaze na put uništenja.

Ljudi dobrih srca dolaze do toga da vide svoje grijehove,

pokajaće se u njima i dostići će spasenje kroz svjetlost istine. Prateći želje Svetog Duha, oni takođe rađaju duh u svakodnevnim osnovama i hodaju u svjetlosti. Nedostatak mudrosti ili sposobnost u njihovoj ulozi nije više problem. Oni će učvrstiti komunikaciju sa Bogom koji je svjetlost i dobiće glas i nadgledanje Svetog Duha. Onda će sve ići na bolje sa njima i oni će dobiti mudrost sa neba. Čak iako oni imaju probleme koji se pletu kao paukova mreža, ništa ih ne može odvratiti od riješavanje problema i ne postoji prepreka koja će im blokirati put zato što će ih Sveti Duh lično učiti na svakom koraku puta.

Baš kao što nam 1. Korinćanima Poslanica 3:18 naređuje: „Niko neka se ne vara. Ako ko među vama misli da je mudar na ovom svijetu, neka bude lud da bude mudar," mi moramo da razumijemo da je ispred Bogom svjetska mudrost budalasta.

Šta više, kao što nam Jakovljeva Poslanica 3:17 govori: „A koja je premudrost odozgo je najprije čista, a potom mirna, krotka, pokorna, puna milosti i dobrih plodova, bez hatera, i nelicemjerna." Kada mi ispunimo pročišćavanje i idemo u svjetlost, mudrost sa neba će pasti na nas. Kada mi hodamo u svjetlosti, mi ćemo takođe dostići nivo u kojem ćemo biti srećni čak i kada nam nešto nedostaje i nećemo osjetiti da nam nešto nedostaje čak i kada nam zaista nešto fali.

Apostol Pavle priznaje u Poslanici Filipljanima 4:11: „Ne govorim zbog nedostatka, jer se ja navikoh biti dovoljan onim u čemu sam." Na isti način, ako mi hodamo u svjetlosti mi ćemo ispuniti Božji mir i taj mir i radost će izvirati i prelivati iz nas. Ljudi koji stvaraju mir se neće raspravljati i neće biti neprijateljski naklonjeni prema svojoj porodici. Umjesto toga, kako ljubav i milost preliva njihova srca, priznanja o zahvalnosti neće nestati sa njihovih usana.

Šta više, kada mi hodamo u svjetlosti i ličimo na Boga koliko god možemo, kao što nam On govori u 3. Jovanovoj Poslanici 1:2: „Ljubazni! Molim se Bogu da ti u svemu bude dobro, i da budeš zdrav, kao što je tvojoj duši dobro," mi ćemo zaista dobiti ne samo blagoslove napretka u svemu već takođe i vlast, sposobnost i moć Boga koji je svjetlost.

Nakon što je Pavle sreo Gospoda i hodao u svjetlosti, Bog mu je omogućio da može da manifestuje zapanjujuću moć kao apostol nejevrejima. Čak iako Stefan i Filip nisu bili proroci ili jedni od Isusovih učenika, Bog je opet činio velika djela kroz njih. U Djelima Apostolskim 6:8 mi nailazimo: „A Stefan pun vjere i sile činjaše znake i čudesa velika među ljudima." U Djelima Apostolskim 8:6-7 mi takođe nalazimo: „A narod pažaše jednodušno na ono što govoraše Filip, slušajući i gledajući znake koje činjaše. Jer duhovi nečisti s velikom vikom izlažahu iz mnogih u kojima behu, i mnogi uzeti i hromi ozdraviše."

Jedan može da manifestuje moć Božju do mjere da je postao posvećen hodanjem u svjetlosti i da liči na Gospoda. Postojalo je nekoliko ljudi koji su manifestovali moć Božju. Ipak, čak i među onima koji su mogli da manifestuju Njegovu moć, jačina manifestovanja se razlikovala od jednog do drugoga u skladu sa tim koliko je svaka osoba ličila na Boga koji je svjetlost.

Da li ja živim u svjetlosti?

Da bi dobili nevjerovatne blagoslove povjerene onima koji hodaju u svjetlosti, svako od nas najprije treba da preispita sebe: „Da li ja živim u svjetlosti?"

Čak iako vi nemate određen problem(e), vi bi trebali da ispitate sebe da vidite da li ste živjeli „mlakim" životom u Hristu, ili niste čuli i niste bili vođeni Svetim Duhom. Ako je tako, vi morate da se probudite iz duhovnog dremanja.

Ako ste vi odbacili neki stepen i količinu zlobe, vi ne treba da budete zadovoljni; kao što dijete sazreva u odraslu osobu, vi takođe morate da dostignete vjeru očeva. Vi bi trebali da imate komunikaciju velikih dubina sa Bogom kao i takođe i blisku zajednicu sa Njim.

Ako vi trčite ka posvećenju, vi morate da otkrijete čak i najsitniji dio zlobe i da ga iščupate. Što više vlasti imate time ćete postajati glavniji, vi uvijek morate da najprije služite drugima i da tražite interese drugih. Kada drugi, uključujući i one koji su manji od vas ukazuju na vaše nedostatke, vi morate da uspijete da se ne obazirete na to. Umjesto da se osjećate ozloJeđeno ili nelagodno i da otuđujete one koji idu stranputicom od puta čovjeka i čine zlo, u ljubavi i dobroti vi morate da uspijete da ih tolerišete i da ih dirljivo dotaknete. Vi ne smijete da zamjerate i ne smijete nikoga da gledate sa prezirom. Niti bi trebali da zanemariti druge u sopstvenoj pravednosti ili da uništite mir.

Ja sam pokazivao i davao sam više ljubavi mlađima, siromašnijima i slabijim ljudima. Kao roditelji koji brinu o svojoj slabijoj ili bolesnijoj djeci više nego o zdravijoj, ja sam se molio jače za ljude u takvoj situaciji, nikada ih nisam ni jednom zanemario i pokušao sam da im služim iz sredine moga srca. Oni koji hodaju u svjetlosti moraju da imaju saosjećanja čak i prema ljudima koji su činili pogriješna djela i da mogu da im oproste i da pokriju njihove greške umjesto da ukazuju na njihovu krivicu.

Čak i kada činite Božja djela, vi ne smijete da uzdižete ili da ispoljavate vaše sopstvene zasluge ili dostignuća, već da prepoznate napore drugih sa kojima ste radili. Kada je njihov trud priznat i pohvaljen, vi bi trebali da budete srećniji i mnogo više radosniji.

Možete li da zamislite koliko će samo mnogo Bog voljeti onu djecu čija srca liče na srce Gospoda? Način na koji je On hodao sa Enohom 300 godina, Bog će hodati sa Njegovom djecom koja liče na Njega. Šta više, On će njima dati ne samo blagoslove zdravlja i sve što ide dobro u svakom pogledu, već takođe i

Njegovu moć sa kojom će ih On iskoristiti kao dobre posude.

Prema tome, čak iako mislite da imate vjeru i ljubav Boga, da preispitate koliko vjere i ljubavi će On prepoznati i da hodate u svjetlosti kako bi u vašem životu prelivali dokazi Njegove ljubavi i kako bi imali blisku zajednicu sa Njim, u ime našeg Gospoda Isusa Hrista ja se molim!

Poruka 5
Moć svjetlosti

1. Jovanova Poslanica 1:5

I ovo je obećanje
koje čusmo od Njega
i javljamo vama,
da je Bog vidjelo,
i tame u Njemu nema nikakve.

U Bibliji, postoji mnogo primjera u kojima su brojni ljudi primili spasenje, iscjeljenje i odgovore kroz iznenađujući iskrena djela Božje moći manifestovana od Njegovog Sina Isusa. Kada je Isus zapovijedio, sve vrste bolesti su odmah iscjeljene i slabost je bila ojačana i obnovljena.

Slijepi su mogli da vide, mutavi da govore i gluvi su počeli da čuju. Čovjek sa ukočenom rukom je izliječen, hromi su počeli da ponovo hodaju i paralizovani su bili iscijeljeni. Šta više, zli duhovi su izbačeni i mrtvi su oživjeli.

Ova iznenađujuća djela Božja su bila manifestovana ne samo od Isusa, već takođe i kroz mnogo proroka za vrijeme Starog Zavjeta i apostola iz vremena Novog Zavjeta. Naravno Isusovo manifestovanje Božje moći nije moglo da bude jednako sa prorocima i apostolima. Bez obzira na to, ljudima koji su ličili na Isusa i Samog Boga, On je dao moć i koristio ih je kao Njegovu posudu. Bog koji je svjetlost je manifestovao Njegovu moć kroz đakone poput Stefana i Filipa zato što su oni ispunili posvećenje u hodanju u svjetlosti i ličili su na Gospoda.

Apostol Pavle je manifestovao veliku moć da je smatran „Bogom"

Između svih osoba iz Novog Zavjeta, Pavlovo manifestovanje Božje moći se svrstava kao drugo posle ono od Isusa. On je propovijedao jevanđelje nejevrejima, koji nisu znali za Boga, poruke o vlasti koje su praćene znakovima i čudima. Sa ovom vrstom moći, Pavle je mogao da svjedoči o Bogu pravom Božanstvu i Isusu Hristu.

Iz činjenice da je služenje idolima i bajanje u tom vremenu bilo rasprostranjeno, mora da su postojali neki ljudi među nejevrejima koji su širili zablude prema drugima. Širenju jevanđelja prema takvim ljudima bila je potrebno i manifestovanje djela Božje moći koja su uveliko prevazilazila lažno bajanje i djela zlih duhova (Poslanica Rimljanima 15:18-19).

Iz Djela Apostolskih 14:8 nadalje je scena u kojoj apostol Pavle propovijeda jevanđelje u oblasti zvanoj Listra. Kada je Pavle zapovijedio čovjeku koji je bio hrom cijelog života; „Ustani na svoje noge upravo!" čovjek je ustao i počeo je da hoda (Djela

Apostolska 14:10). Kada su ljudi ovo vidjeli, oni su priznali: „Bogovi načiniše se kao ljudi, i siđoše k nama" (Djela Apostolska 14:11). U Djelima Apostolskim 28 je scena u kojoj je apostol Pavle stigao na ostrvo Malta nakon brodoloma. Kada je sakupio gomilu pruća na gomilu i stavio na vatru, otrovna zmija, koja je izašla zbog toplote, skočila je sama u njegovu ruku. Nakon što su vidjeli ovo, ostrvljani su očekivali da će on da otekne ili da će odjednom pasti mrtav, ali kako se ništa nije dogodilo Pavlu, ljudi su rekli da je on bio bog (stih 6).

Pošto je Pavle posjedovao srce koje je bilo pravo iz pogleda Božjeg, on je mogao da manifestuje djela Njegove moći čak i je bio smatran od strane ljudi da je „bog."

Moć Božja koji je svjetlost

Moć je data ne zbog toga što to neko želi; ona je data onima koji liče na Boga i koji su ispunili posvećenost. Čak i danas, Bog traži ljude kojima će On dati Njegovu moć da je koriste kao posudu slave. Zbog toga Jevanđelje po Marku 16:20 nas podsjeća: „A oni izađoše i propovijedaše svuda, i Gospod ih potpomaga, i riječ potvrđiva znacima koji su se potom pokazivali." Isus je takođe rekao u Jevanđelju po Jovanu 4:48: „Ako ne vidite znaka i čudesa, ne vjerujete."

Vođenje brojnih ljudi ka spasenju zahtjeva moć sa neba koja može da manifestuje znakove i čuda, a koja zauzvrat svjedoči o živom Bogu. U dobu u kojem se grijeh i zlo naročito razvijaju, znakovi i čuda su sve više traženi.

Kada mi hodamo u svjetlosti i postajemo jedni u duhu sa našim Ocem Bogom, mi možemo da manifestujemo jačinu moći koju je manifestovao Isus. Zbog toga je naš Gospod obećao: „Zaista, zaista vam kažem: koji vjeruje Mene, djela koja Ja tvorim i on će tvoriti, i veća će od ovih tvoriti; jer Ja idem k Ocu Mom" (Jevanđelje po Jovanu 14:12).

Ako neko manifestuje vrstu moći duhovnog kraljevstva koja je moguća samo od Boga, onda on treba da bude priznat od Boga. Kao što nas Psalmi 62:11 podsjećaju: „Jednom reče Bog i više puta čuh, da je krepost u Boga," neprijatelj đavo i Sotona ne mogu da manifestuju vrstu moći koja pripada Bogu. Naravno, pošto su oni duhovna bića oni posjeduju superiornu moć u obmanjivanju ljudi i primoravaju ih da se suprotstave Bogu. Jedan faktor, međutim, ostaje izvestan: ni jedno drugo biće ne može da imitira moć Boga sa kojom On kontroliše život, smrt, blagoslove, tok i istoriju čovječanstva i stvara nešto od ničega. Moć pripada kraljevstvu Božjem koji je svjetlost i može biti manifestovana samo od strane onih koji su ispunili posvećenost i dostigli su mjeru vjere Isusa Hrista.

Razlike između Božje vlasti, sposobnosti i moći

U određivanju ili u odnosu na sposobnost Boga, mnogi ljudi izjednačuju sposobnost, ili sposobnost moći, međutim postoji jasna razlika između ove tri.

„Sposobnost" je moć vjere gdje je nešto nemoguće za čovjeka, moguće za Boga. „Vlast" je uzvišena, dostojanstvena i veličanstvena moć koju je Bog učvrstio i u duhovnom kraljevstvu stanje bezgriješnosti je moć. Drugim riječima, vlast je sama posvećenost i ona posvjećena djeca Božja koja su temeljno odbacila zlo i neistinu u njihovim srcima mogu da dobiju duhovnu vlast.

Šta je, onda „moć"? To se odnosi na sposobnost i vlast Božju koju On daruje onima koji su izbjegli svaku vrstu zla i postali posvećeni.

Uzmite ovo kao primjer. Ako vozač ima „sposobnost" da vozi vozilo, onda saobraćajac koji upravlja saobraćajem ima „vlast" da isključi bilo koje vozilo. Ova vlast - da isključi i da vrati svako vozilo na put - je data službeniku od strane uprave. Prema tome, čak iako vozač ima „sposobnost" da vozi vozilo, pošto mu nedostaje „vlast" službenog saobraćajca, kada saobraćajac kaže vozaču bilo da zaustavi ili da nastavi, vozač mora da obrati pažnju na to.

Na ovaj način, vlast i sposobnost se razlikuju jedna od druge i kada se vlast i sposobnost kombinuju, mi to nazivamo moć. U Jevanđelju po Mateju 10:1, mi nailazimo: „I dozvavši Svojih dvanaest učenika dade im vlast nad duhovima nečistim da ih izgone, i da iscjeljuju od svake bolesti i svake nemoći." Moć podrazumijeva obe, „vlast" da se istjeraju zli duhovi i „sposobnost" da se iscijele sve vrste bolesti i slabosti.

Razlika između dara iscjeljenja i moći

Oni koji nisu upoznati sa Božjom moći koji je svjetlost često je izjednačuju sa darom iscijeljenja. Dar iscijeljenja u 1. Poslanici Korinćanima 12:9 odnosi se na razvijanje strašnih bolesti nastalih inficiranjem virusa. To ne može izliječiti gluvoću ili nemost zbog propadanja dijelova tijela ili izumiranje nervnih ćelija. Ovakvi slučajevi bolesti ili slabosti mogu biti iscijeljeni samo uz moć Božju i sa molitvom vjere koja Njemu udovoljava. Šta više, kada se moć Božja manifestuje sve vrijeme, dar iscjeljnja ne dešava se stalno.

Sa jedne strane, Bog daje dar iscjeljenja onima, bez obzira na stepen ljudske posvećenosti u srcu, koji vole i koji se mnogo mole za druge i njihove duhove i koje Bog smatra da su korisni i da su dobre posude. Međutim, ako je dar iscjeljenja korišćen ne za Njegovu slavu već na ne prikladan način i za nečiju sopstvenu korist, Bog će to zasigurno uzeti nazad.

Sa druge strane, moć Božja je data samo onima koji su ispunili posvećenost u srcu; jednom data, ona neće oslabiti ili uvenuti jer primalac je neće koristiti za sopstvenu korist. Umjesto toga, što više jedan liči na srce Gospoda, viši nivo moći će mu Bog darovati. Ako srce i ponašanje pojedinca postane jedno sa Gospodom, on može da manifestuje čak i velika djela Božje moći koje je Isus Sam manifestovao.

Postoje razlike u načinima u kojima je Božja moć manifestovana. Dar iscijeljenja ne može da izliječi teške bolesti ili rijetke bolesti i mnogo je teže za one sa malom vjerom da budu izliječeni sa darom iscjeljenja. Međutim, uz moć Božja koji je svjetlost, sve je moguće. Kada pacijent pokazuje čak i mali dokaz njegove vjere, iscjeljenje uz moć Božju se odmah događa. Ovde „vjera" se odnosi na duhovnu vjeru sa kojom jedan vjeruje iz sredine njegovog srca.

Četiri nivoa moći Božje koji je svjetlost

Kroz Isusa Hrista koji je isti i juče i danas, svako ko je smatran kao prikladna posuda iz Božjeg pogleda će manifestovati Njegovu moć.

Postoji mnogo različitih nivoa u manifestovanju Božje moći.

„Ja sam prolivao suze dan i noć.
Bio sam čak još više povrijeđen
kada su me ljudi pogledali
kao ,,dijete sa sidom.""

Gospod me je iscijelio
sa Njegovom moći
i dao je mojoj porodici smijeh.
Ja sam sada toliko srećan!

Esteban Juninka (Esteban Juninka) iz Hondurasa.

Što više ispunjavate duh, u veći nivo moći ćete ući i dobiti. Ljudi čije su duhovne oči otvorene mogu da vide različite nivoe osvjetljenja svjetlosti u skladu sa svakim nivoom Božje moći. Ljudska bića, kao bića mogu da manifestuju do četvrtog nivoa Božje moći.

Prvi nivo moći je manifestovanje Božje moći sa crvenim svjetlom koji uništava sa vatrom Svetog Duha.

Vatra Svetog Duha šiklja iz prvog nivoa moći koja se manifestuje crvenim sijalicama i iscjeljuje bolesti koje uključuju klice i bolesti inficirane virusom. Bolesti uključujući rak, plućne bolesti, leukemija, bolesti bubrega, artritis, problemi sa srcem i SIDA mogu biti isceljene. Ovo ne znači međutim, da sve ove bolesti iznad mogu biti iscjeljene u prvom nivou moći. Oni koji su već zakoračili van granica moći koje je Bog postavio, takvi kao u poslednjoj fazi raka ili plućnih bolesti, prvi nivo moći nije dovoljan.

Obnova dijelova tijela koja su bila oštećena ili ne mogu više da funkcionišu zahteva veliku moć koja neće samo isijceliti već će

i izgraditi nove dijelove tijela. Čak i u ovom slučaju, stepen koji pacijent pokazuje u svojoj vjeri takođe i stepen koji pokazuje porodica u njihovoj vjeri i ljubavi za njega će odrediti nivo sa kojim će Bog manifestovati Njegovu moć.

Još od osnivanja, postojala su brojna manifestovanja prvog nivoa moći u Manmin centralnoj crkvi. Kada su se ljudi povinovali riječi Božjoj i primili molitvu, bolesti u svim uslovima i težini su bile očišćene. Kada su se ljudi rukovali sa mnom ili su dodirnuli vrh moje odjeće, primili molitvu kroz maramicu na kojoj sam se ja molio i snimljenu molitvu na automatskoj telefonskoj sekretarici, ili kada sam se molio nad fotografijom bolesnika, mi smo svjedočili o Božjem iscijeljenju svaki put iznova.

Djela u prvom nivou moći nisu ograničena u uništavanju sa vatrom Svetog Duha. Čak i u momentu, kada se jedan moli i postaje inspirisan, ili dirnut i ispunjen Svetim Duhom, svaki pojedinac može da manifestuje čak i velika djela Božje moći. Ipak, ovo je privremena pojava a ne dokaz stalne utisnute Božje moći, i dešava se samo kada je prikladna Njegovoj moći.

Drugi nivo moći je manifestovanje Božje moći sa plavim svjetlom.

Malahija 4:2 nam govori: „A vama, koji se bojite imena mog, granuće Sunce pravde, i zdravlje će biti na zracima Njegovim, i izlazićete i skakaćete kao teoci od jasala." Ljudi čije su duhovne oči otvorene mogu da vide zrake lasera- kao svjetlo iz kojeg izlaze zraci iscjeljenja.

Drugi nivo moći istjeruje tamu i oslobađa ljude koji su zaposednuti demonima, kontrolisani od strane Sotone i u kojima dominiraju različite vrste zlih duhova. Opseg mentalnog oboljenja koji je izazvan silom tame, uključujući autizam, nervno oboljenje i drugo mogu biti isceljeni uz drugi nivo moći.

Ove vrste bolesti mogu biti izbegnute ako se mi „stalno radujemo" i „dajemo zahvalnost u svemu." Umjesto da ste stalno radosni i da dajete zahvalnost u svemu, ako vi počnete da mrzite druge, pružate loša osjećanja, mislite negativno i postajete lako ljuti, onda ćete biti više podložni ovakvim bolestima. Kada sile Sotone, koja navodi ljude da posjeduju zle misli i srce, su istjerane, sve te mentalne bolesti će biti prirodno iscjeljene.

S vremena na vrijeme, sa drugim nivoom Božje moći, fizičke bolesti i slabosti su iscijeljene. Takve bolesti i slabosti stvorene sa djelima demona i đavola su iscijeljene sa svjetlošću drugog nivoa Božje moći. Ovdje „slabosti" se odnosi na propadanje i paralizu dijelova tijela kao što je u slučaju onih koji su mutavi, gluvi, hromi, paralizovani, paralizovani od rođenja i slično tome.

Od jevanđelja po Marku 9:14 pa nadalje je scena u kojoj Isus istjeruje „gluvog i nemog duha" iz dječaka (stih 25). Ovaj dječak je postao gluv i nem zato što je zli duh bio u njemu. Kada je Isus istjerao duha, dječak je odmah bio iscijeljen.

Na isti način, kada je uzrok bolesti sila tame, uključujući demone, zli duhovi moraju biti istjerani kako bi pacijent bio iscjeljen. Ako neko pati od problema zbog sistema probave jer je uzrok nervni slom, uzrok mora biti iščupan napolje istjerivanjem sile Sotone. U takvim bolestima kao što je paraliza ili artritis, djela sile i ostaci tame takođe mogu biti pronađeni. Ponekad, iako medicinska dijagnoza ne može da pronađe ništa što je loše, ljudi pate od bolova ovdje i onde u njihovim tijelima. Kada se ja molim za nekoga ko pati na ovaj način, drugi čije su duhovne oči otvorene često vide sile tame u nevjerovatnim životinjskim

oblicima kako napuštaju pacijentovo tijelo.

Pored sila tame koje se mogu naći u bolestima i slabostima, drugi nivo Božje moći koji je svjetlost, može takođe da istjera sile tame koje se nalaze u kući, u poslovima ili na poslu. Kada pojedinac koji može da manifestuje drugi nivo Božje moći posjeti one koji pate od proganjanja u kući i u problemima na poslu i poslovima, kako je istjerivana tama i kako svjetlost dolazi nad ljudima, blagoslovi u skladu sa njihovim djelima dolazi iznad njih.

Podizanje mrtvih ili završavanje nečijeg života u skladu sa voljom Božjom je takođe djelo drugog nivoa Božje moći. Primjer koji slijedi pripada ovoj kategoriji: apostol Pavlovo podizanje Evtiha (Djela Apostolska 20:9-12); Ananijina i Sapfira su obmanule apostola Pavla i njegov tok koji slijedi je rezultirao njihovu smrt (Djela Apostolska 5:1-11); Jelisejevo psovanje djece koje je takođe rezultiralo njihovoj smrti (2. Kraljevima 2:23-24).

Postoje, međutim osnovne razlike u djelima Isusa i onima kao što su apostol Pavle i Petar i prorok Jelisej. Na kraju, Bog kao Gospod svih duhova treba da dozvoli da li će neko da živi ili će

„Čak i nisam htio da gledam moje tijelo
koje je bilo mnogo izgoreno...

Kada sam bio sam,
On je došao do mene,
pružio mi je Njegovu ruku,
i stavio me pored Njega...

Sa Njegovom ljubavi i posvećenosti
I ja sam dobio novi život...
Da li postoji nešto
što ne mogu da uradim za Gospoda?"

Viši Đakon Eundeok Kim
iscjeljen od trećeg stepena opekotina
od glave do pete

biti mu život biti oduzet. Ipak, pošto su Isus i Bog jedno i isto, ono što je Isus želio je ono što je Bog želio. Zbog toga Isus može da vrati nazad mrtve samo kada im zapovijedi sa Njegovom riječi (Jevanđelje po Jovanu 11:43-44), dok drugi proroci i apostoli treba da potraže volju Boga i Njegovo odobrenje da bi oživjeli nekoga.

Treći nivo je moć manifestovanja Božje moći sa bijelim ili obojenim svjetlom, i praćena je sa svim vrstama znakova i čuda i djelima stvaranja.

U trećem nivou Božje moći koji je svjetlost, sve vrste znakova i čuda kao i djela stvaranja su manifestovana. Ovde „znakovi" se odnose na iscjeljenja u kojima slijepi mogu da vide, nemi da govore i gluvi da čuju. Hromi ustaju i hodaju, kraće noge su produžene i dječija paraliza ili cerebralna paraliza su u potpunosti iscjeljene. Deformisani ili u potpunosti pogoršani dijelovi tijela od rođenja su obnovljeni. Polomljene kosi su opet sastavljene zajedno, kosti koje nedostaju su stvorene, kratki jezici su porasli i tetive su povezane. Šta više, pošto se svjetlo prvog, drugog i trećeg nivoa Božje moći manifestuju istovremeno u trećem nivou kao što je potrebno, nijedna bolest ili slabost neće predstavljati problem.

Čak iako je neko izgoren od glave do pete i njegove su ćelije i mišići opečeni, ili čak iako je tijelo kuvano u ključaloj vodi, Bog može sve novo da stvori. Kako Bog može da stvori nešto od ničega, On može da popravi ne samo nežive predmete, već takođe i ljudske dijelove tijela koji nisu dobro.

U Manmin centralnoj crkvi, kroz molitvu na maramici ili molitvu snimljenu na automatskoj telefonskoj sekretarici, unutrašnji organi koji nisu dobro funkcionisali ili su bili teško oštećeni su obnovljeni. Kao što su teško oštećena pluća iscijeljena dok su bubrezi i jetra koji su trebali da budu presađeni postali normalni, u trećem nivou Božje moći, djela moći stvaranje se neprestano manifestuju.

Postoji jedan faktor koji treba jasno razlikovati. Sa jedne strane, ako je funkcija nekog djela tijela koje je bilo slabo obnovljeno, to je djelo prvog nivoa Božje moći. Sa druge strane, ako funkcija nekog djela tijela koje nije imalo šansu da se oporavi je oživljeno ili je stvoreno novo, to je djelo trećeg nivoa Božje moći, moći stvaranja.

Četvrti nivo moći je manifestovanje Božje moći zlatnim svjetlom i to je ostvarenje moći.

Kao što mi možemo da kažemo o djelima manifestovanim od Isusa, četvrti nivo moći vlada svim stvarima, vlada nad vodom i čak naređuje neživim predmetima da se povinuju. U Jevanđelju po Mateju 21:19 kada je Isus prokleo drvo smokve, mi nalazimo: „Da nikad na tebi ne bude roda do vijeka." Od Jevanđelja po Mateju 8:23 pa nadalje je jedna scena u kojoj je Isus prekorio vjetar i talase i bilo je potpuno mirno. Čak i priroda i neživi predmeti kao i vjetrovi i mora postaju pokorni kada im Isus zapovijedi.

Isus je jednom rekao Petru da uđe u duboku vodu i da baci mrežu za ulov i kada se Petar povinovao, on je uhvatio toliko veliki broj riba da je njegova mreža počela da se cepa (Jevanđelje po Luki 5:4-6). U drugom putu, Isus je rekao Petru: „idi na more, i baci udicu, i koju prvo uhvatiš ribu, uzmi je; i kad joj otvoriš usta naći ćeš statir. Uzmi ga te im podaj za Me i za se"

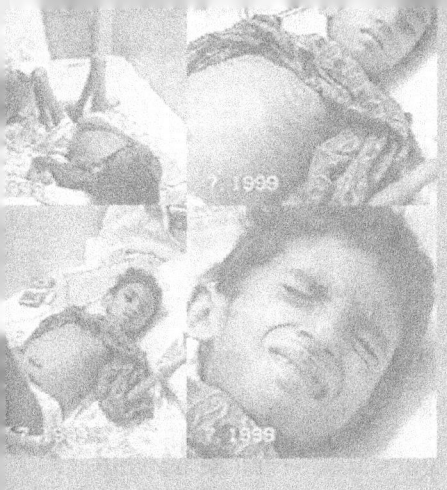

„To je toliko bolno...
to je toliko bolno
da ja ne mogu da otvorim moje
oči...
Niko ne zna šta ja osjećam,
ali Gospod sve zna
i iscijelio me je."

Sintija iz Pakistana,
iscijeljena od celijačne bolesti i zavezanih creva

(Jevanđelje po Mateju 17:24-27).

Kako je Bog stvorio sve stvari u univerzumu Njegovom Riječju, kada je Isus zapovjedio univerzumom, on se Njemu povinovao i postao stvaran. Na isti način, jednom kada posjedujemo vjeru, mi ćemo biti sigurni u ono čemu se nadamo i ubjeđeni u ono što ne vidimo (Poslanica Jevrejima 11:1), i djela moći koja stvaraju sve stvari od ništa će biti manifestovana.

Šta više, u četvrtom nivou Božje moći, djela se manifestuju koja prevazilaze vrijeme i prostor.

Pored Isusovog manifestovanja Božje moći, nekoliko od njih prevazilaze vrijeme i prostor. Iz Jevanđelja po Marku 7:24 je scena u kojoj je žena molila Isusa da iscijeli njenu demonom opsjednutu ćerku. Nakon što je vidio ženinu poniznost i vjeru, Isus joj je rekao: „Za tu riječ idi; izađe đavo iz kćeri tvoje" (stih 29). Kada se žena vratila kući, ona je zatekla svoje dijete kako leži u krevetu i demon je otišao.

Iako Isus nije posjećivao lično bolesne, kada je On video vjeru bolesnih i zapovijedio, iscjeljenja koja su prevazilazila vrijeme i prostor su se događala.

Isusovo hodanje po vodi, što je djelo koje je On sam manifestovao, takođe svjedoči činjenici da je sve u univerzumu pod Isusovoj vlasti.

Šta više, Isus nam govori u Jevanđelju po Jovanu 14:12: „Zaista, zaista vam kažem: koji vjeruje Mene, djela koja Ja tvorim i on će tvoriti, i veća će od ovih tvoriti; jer Ja idem k Ocu Mom." Kako nas On uvjerava, prava nevjerovatna djela Božje moći su manifestovana u Manmin centralnoj crkvi danas.

Na primjer, razna čuda u kojima se mijenja vrijeme su se dogodila. Kada se ja molim, kiša koja lije prestaje za treptaj oka; veoma mračni oblaci se razilaze; i besprekorno nebo je ispunjeno umjesto toga oblacima. Postojalo je takođe i mnogo primjera u kojima su se neživi predmeti povinovali mojim molitvama. Čak i u slučaju u opasnom trovanju po život ugljen-monoksidom, minut ili dva poslije moje molitve, osoba koja je bila bez svijesti počela je da se oporavlja i nije patila od nikakvih posljedica. Kada sam se molio za pojedinca koji je patio od opekotina trećeg stepena, „mirisu opekotina, nestani," osoba nije više osjećala nikakav bol.

Pored toga, djela Božje moći koja prevazilaze vrijeme i prostor se događaju u velikoj mjeri sve više i više su ubedljivija. Slučaj Sintije (Cynthia), ćerke Vilsona Džona Gila (Wilson John Gil), višeg svještenika pakistanske Manmin crkve je posebno značajan. Kada sam se molio za Sintiju nad njenom fotografijom u Seulu u Koreji, djevojka od koje su doktori odustali od svih nada, se brzo oporavila od momenta kada sam se ja molio za nju hiljadama kilometara dalje.

U četvrtom nivou moći, moć da se iscijele bolesti, da se istjeraju sile tame, da se pokazuju znakovi i čuda i da se zapovijedi svim stvarima da se povinuju - kombinovana djela prvog, drugog, trećeg i četvrtog nivoa moći - su manifestovana.

Najveća moć stvaranja

Biblija bilježi Isusovo manifestovanje moći koje je iznad četvrtog nivoa moći. Ovaj nivo moći, najveća moć, pripada Stvoritelju. Ova moć nije manifestovana na istom nivou u kojem ljudska bića mogu da manifestuju Njegovu moć. Umjesto toga, ona potiče od prave svjetlosti koje je svijetlelo kada je Bog postojao sam.

U Jevanđelju po Jovanu 11, Isus zapovijeda Lazaru koji je bio mrtav četiri dana i čije je tijelo odavalo užasan miris: „Lazare, izađi!" Na Njegovu zapovijest, mrtav čovjek je izašao napolje, njegove ruke i noge bile su povezane platnom i njegovo lice je bilo umotano ubrusom (stihovi 43-44).

Nakon što osoba ukloni svaku vrstu zla, postane posvećen, počne da liči na njegovog Oca Boga i promjeni se u potpuni duh, on će ući u duhovno kraljevstvo. Što više sakupi znanje o duhovnom kraljevstvu, više će rasti njegovo manifestovanje Božje moći iznad četvrtog nivoa.

U to vrijeme, od dostiže nivo moći, moć koja može biti manifestovana samo od strane Božanskog, što je najveća moć Stvoritelja. Kada čovjek u potpunosti ispuni ovo, kao u vremenu kada je Bog stvorio sve u univerzumu sa Njegovom zapovijesti, on će takođe moći da manifestuje čudesna djela kreacije.

Na primjer, kada on zapovijedi slijepoj osobi: „Otvori svoje oči," oči slijepog čovjeka će se odmah otvoriti. Kada on zapovijedi nemoj osobi: „Govori!" nema osoba će u momentu početi da govori. Kada zapovijedi hromom: „Ustani," hrom čovjek će hodati i trčati. Kada on zapovijedi, ožiljcima i djelovima tijela koja su počela da trule, oni će biti obnovljeni.

Ovo se ispunjava uz svjetlost i glas Božji, koji je postojao kao svjetlost i glas prije početka vremena. Kada je bezgranična moć stvaranja u svjetlosti zapisana unaprijed glasom, svjetlost se spušta i djela su manifestovana. Ovo je način da ljudi, koji su gazili van granica života koje je Bog postavio, i bolesti i slabosti koje ne mogu biti izliječene sa prvim, drugim, trećim nivoom, budu iscijeljene.

Dobijanje moći Božje koji je svjetlost

Kako mi možemo da ličimo na srce Boga, da dobijemo Njegovu moć i da povedemo brojne ljude ka putu spasenja?

Prvo, mi moramo ne samo da izbjegnemo svaku vrstu zla i ispunimo posvećenost, već takođe i da steknemo dobro srce i da težimo za najveće dobro.

Ako vi ne pokazujete nikakve znake loših osjećanja ili nelagodnosti prema pojedincu koji je učinio vaš život teškim ili vam je naškodio, može li se reći za vas da se ispunili dobro u srcu? Ne, to nije slučaj. Čak iako ne postoji drhtanje u srcu ili osjećaj nelagodnosti i vi čekate i istrajete, iz pogleda Božjeg ovo je samo prvi korak dobroga.

U većem nivou dobroga, jedan će govoriti ili će se ponašati na način da dotakne ljude koji mu otežavaju život ili mu štete. U najvećem dobru sa kojim je Bog zadovoljan, jedan mora da može da odustane od sopstvenog života za dobrobit svojeg neprijatelja.

Isus je mogao da oprosti ljudima koji su Njega razapeli i za te ljude On je samovoljno odustao od Njegovog života zato što je On posjedovao najveće dobro. Oboje, Mojsije i apostol Pavle su bili voljni da daju svoje živote za iste ljude koji su takođe htjeli da ih ubiju.

Kada je Bog htio da uništi ljude Izraela, koji su se bili protivili služenjem idolima, žalili su se i držali su rasprave protiv Njega čak iako su svjedočili velikim znakovima i čudima, kako je Mojsije odgovorio? On je iskreno udovoljavao Bogu sa: „Ali sada, ako Ti hoćeš, oprosti im grijeh, ako li nećeš, izbriši me iz knjige Svoje, koju si Ti napisao!" (Izlazak 32:32) apostol Pavle je bio isti. Kao što je priznao u Poslanici Rimljanima 9:3: „Jer bih želio da ja sam budem odlučen od Hrista za braću svoju koja su mi rod po tijelu," Pavle je ispunio najveće dobro i zbog toga su ga velika djela Božje moći uvijek pratila.

Sljedeće, mi moramo da ispunimo duhovnu ljubav.

Ljubav je danas znatno oslabila. Iako mnogi ljudi danas govore jedan drugome: „Volim te," kako vrijeme proilazi, mi vidimo da je većina te „ljubavi" tjelesna koja se menja. Ljubav Boga je duhovna ljubav koja je uzvišena dan za danom i zapisana je do detalja u 1. Korinćanima Poslanici 13.

Prvo: „Ljubav je strpljiva [i] ljubav je ljubazna. To nije ljubomora." Naš Gospod je nama oprostio sve naše grijehove i mrlje i otvorio je put spasenja strpljivo čekajući čak i one koji ne praštaju. Ipak, čak iako priznajemo našu ljubav prema Gospodu, jesmo li brzi u otkrivanju grijehova i mrlja naše braće i sestara?

Jesmo li brzi u osudama i optužbama prema drugima kada nešto ili neko nije nama po volji? Da li smo bili ljubomorni na nekoga ko napreduje u životu ili smo se osjećali razočarano?

Sljedeće, ljubav: „ljubav se ne veliča [i] ne nadima se" (stih 5) čak iako mi izgledamo kao da slavimo Gospoda sa spolja, ako mi imamo srce koje želi da bude prepoznato od drugih, ispoljavamo sebe i potcjenjujemo ili učimo druge zbog naše pozicije ili vlasti, to će biti hvalisanje i ponos.

Šta više, ljubav: „Ne čini šta ne valja, ne traži svoje, ne srdi se, ne misli o zlu" (stih 5). Naše neprijatno ponašanje prema Bogu i ljudima, naše promjenljivo srce i misli koje se lako mijenjaju, naši napori da budemo veći čak iako štetimo drugima, naša lako počinjena loša osjećanja, naša namjera da mislimo negativno i da činimo loše drugima i slično tome, ne sačinjavaju ljubav.

Pored toga, ljubav: „Ne raduje se nepravdi, a raduje se istini" (stih 6). Ako mi imamo ljubav, mi uvijek moramo da hodamo i da se radujemo istini. Kao što nam 3. Jovanova Poslanica 1:4

kaže: „Nemam veće radosti od ove da čujem moja djeca u istini da hode," istina mora biti izvor našeg ushićenja i radosti.

Poslednje, ljubav: „sve snosi, sve vjeruje, svemu se nada, sve trpi" (stih 7). Oni koji zaista vole Boga znaju za volju Božju i prema tome oni će vjerovati u sve stvari. Kako ljudi gledaju naprijed i vjeruju zauzvrat u našeg Gospoda, u oživljavanje vjernika, nebeske nagrade i slično tome, oni se nadaju svim stvarima od gore, izdržavaju u svim poteškoćama i bore se da ispune Njegovu volju.

Kako bi pokazao dokaze Njegove ljubavi za one koji su se povinovali u istini kao što su dobrota, ljubav i druge kao što je zapisano u Bibliji, Bog koji je svjetlost daje njima Njegovu moć kao dar. On je takođe nestrpljiv da sretne i dobije odgovore onih koji su se borili da hodaju u svjetlosti.

Prema tome, otkrivanjem sebe i razvaljivanjem vašeg srca, da vi koji želite da dobijete blagoslove od Boga i odgovore i da postanete pripremljena posuda ispred Njega i da iskusite moć Božju, u ime našeg Gospoda Isusa Hrista ja se molim!

Poruka 6
Oči slijepih će se otvoriti

Jevanđelje po Jovanu 9:32-33

Otkako je svijeta
nije čuveno
da ko otvori oči
rođenom slijepcu.
Kad On ne bi bio od Boga,
ne bi mogao ništa činiti

U Djelima Apostolskim 2:22, Isusov učenik Petar, nakon što je primio Svetog Duha, obratio se Jevrejima navodeći riječi proroka Joila. „Ljudi Izrailjci, poslušajte riječi ove: Isusa Nazarećanina, čovjeka od Boga potvrđenog među vama silama i čudesima i znacima koje učini Bog preko Njega među vama, kao što i sami znate." Isusova velika manifestovanja moći, znakova i čuda su bili dokazi svjedočenja da je Isus koga su Jevreji razapeli zaista bio Mesija čiji je dolazak bio prorokovan u Starom Zavjetu.

Šta više, Petar je sam počeo da manifestuje Božju moć nakon što je primio i bio ovlašćen od Svetog Duha. On je iscijelio bogaljog prosjaka (Djela Apostolska 3:8), a ljudi su iznosili bolesne na ulice i polagali ih na krevete i madrace tako da bi makar Petrova senka mogla da padne na njih dok je on prolazio (Djela apostolska 5:15).

Pošto je moć vaučer koji svjedoči o Božjoj prisutnosti sa onima koji manifestuju moć i na najsigurniji način sade sjeme biljke vjere u srcima nevjernika, Bog je dao moć onima koje On smatra prikladnim.

Isus iscjeljuje čovjeka koji je rođen slijep

Priča iz Jevanđelja po Jovanu 9 počinje kada je Isus na Njegovom putu naišao na čovjeka koji je rođen slijep. Isusovi učenici su željeli da znaju zašto slijepi čovjek nije mogao da vidi od rođenja. „Ravi, ko sagriješi, ili ovaj ili roditelji njegovi, te se rodi slijep?" (stih 2) U odgovoru, Isus je objasnio njima da je čovjek rođen slijep kako bi djela Božja bila prikazana u njegovom životu. (stih 3). Zatim je pljunuo na zemlju i napravio je od pljuvačke blato, stavio na čovjekove oči i zapovijedio slijepom od rođenja čovjeku: „Idi umij se u banji siloamskoj" (stihovi 6-7). Kada se čovijek povinovao i odmah umio u banji siloamskoj, njegove oči su se otvorile.

Čak iako postoje mnogi drugi ljudi iz Biblije koje je Isus iscijelio, jedna razlika izdvaja ovog slijepog čovjeka od rođenja od drugih. Čovjek nije molio Isusa da ga iscijeli, već je umjesto toga Isus došao do čovjeka i u potpunosti ga iscijelio.

Zašto je onda ovaj čovjek slijep od rođenja dobio takvu

nevjerovatnu milost?

Prvo, čovjek je bio pokoran.

Za običnog čovjeka, ništa od onoga što je Isus uradio- Njegovo pljuvanje na zemlju, pravljenje blata, stavljanje blata na čovjekove slijepe oči i zapovjedanje čovjeku da ide i da se umije u banji siloamskoj- nema nikakvog smisla. Zdrav razum ne dozvoljava takvim pojedincima da vjeruju da oči slijepog čovjeka od rođenja mogu biti otvorene nakon što se stavi blato na njegove oči i umije ih u vodi. Šta više, ako ta osoba čuje ovu zapovijest bez da poznaje ko je Isus bio, on i većina ljudi ne samo da neće vjerovati nego će se i očigledno naljutiti. Ipak, ovo nije bio slučaj sa ovim čovjekom. Kako je Isus zapovijedio, čovjek se povinovao i umio je njegove oči u banji siloamskoj. Na kraju i zadivljujuće, njegove oči koje su bile zatvorene od momenta kada se rodio, su se sada otvorile prvi put i čovjek je počeo da vidi.

Ako mislite da se riječ Božja ne slaže sa čovječijim razumom ili iskustvom, pokušajte da se povinujete Njegovoj riječi pokornim srcem kao što je i ovaj od rođenja slijepi čovjek uradio.

Onda će milost Božja doći nad vama i kao što su ovom slijepom čovjeku oči bile otvorene, vi ćete takođe iskusiti čudesna iskustva.

Drugo, urođene čovjekove slijepe duhovne oči, koje su mogle da razlikuju istinu od neistine, su se otvorile.

Iz razgovora sa Jevrejima nakon što je bio iscijeljen, mi možemo da kažemo da dok su slijepe oči čovjeka bile fizički zatvorene, u dobroti njegovog srca on je mogao da odvoji dobro od lošeg. Suprotno tome, Jevreji su bili duhovno slijepi, strogo ograničeni u granicama zakona. Kada su Jevreji tražili detalje o iscjeljivanju, čovjek koji je bio slijep smjelo je objavio: „Čovek koji se zove Isus načini kao, i pomaza oči moje, i reče mi: „Idi u banju siloamsku i umij se"; kad otidoh i umih se, progledah" (stih 11).

U nevjerici, kada su Jevreji unakrsno ispitivali čovjeka koji je bio slijep: „Šta kažeš ti za njega što ti otvori oči tvoje? čovjek je odgovorio: „Prorok je" (stih 17). Čovjek je mislio da ako je Isus bio dovoljno moćan da iscijeli sljepilo, On mora da je bio čovjek od Boga. Ironično, Jevreji su zapretili čovjeku: „Daj Bogu slavu. Mi znamo da je čovjek ovaj griješan" (stih 24).

Koliko je nelogična bila njihova tvrdnja? Bog ne odgovara na molitve griješnika. Niti On daje Njegovu moć griješniku da otvora oči slijepima i da dobija slavu. Iako Jevreji nisu mogli niti da vjeruju niti da razumiju ovo, čovjek koji je bio slijep nastavio je da smjelo i iskreno priznaje: „A znamo da Bog ne sluša griješnika; nego ako ko poštuje Boga i volju Njegovu tvori, onog sluša. Otkako je svijeta nije čuveno da ko otvori oči rođenom slijepcu. Kad On ne bi bio od Boga ne bi mogao ništa činiti" (stihovi 31-33).

Kako nijedne oči nisu bile otvorene još od vremena stvaranja, ko god da je čuo novosti o ovom čovjeku trebao je da se raduje i da slavi sa njim. Umjesto toga, među Jevrejima raširio se vazduh osude, optužbe i neprijateljstva. Pošto su Jevreji bili suviše duhovno arogantni, oni su mislili da su sama djela Boga bila velika djela u suprotstavljanju prema Njemu. Biblija nam međutim govori, da samo Bog može da otvori oči slijepih.

Psalmi 146:8 nas podsjećaju: „GOSPOD otvara oči sljepcima, podiže oborene, GOSPOD ljubi pravednike" dok nam Isaija 29:18 govori: „I u taj će dan gluvi čuti riječi u knjizi, i iz tame i mraka vidjeće oči slijepih." Isaija 35:5 nam takođe govori: „Tada će se otvoriti oči slijepima, i uši gluvima otvoriće se." Ovde „U taj dan" i „Tada" se odnosi na vrijeme kada je Isus došao i otvorio je oči slijepih.

Uprkos ovim stihovima i podsjećanjima, u njihovim krutim granicama i zlu, Jevreji nisu mogli da vjeruju u djela Božja manifestovana kroz Isusa i umjesto toga oni su optuživali Isusa kao griješnika koji se nije povinovao riječi Božjoj. Čak iako čovjek koji je bio slijep nije imao veliko znanje o zakonu, u njegovoj dobroj savjesti on je znao istinu; da Bog ne sluša griješnike. Čovjek je takođe znao da je iscjeljenje slijepih očiju moguće samo od strane Boga.

Treće, nakon što je dobio Božju milost, čovjek koji je bio slijep došao je ispred Gospoda i riješio je da vodi potpuno novi život.

Do današnjeg dana, ja sam bio svjedok mnogim primjerima u kojima su ljudi na pragu smrti dobijali snagu i odgovore u svim vrstama životnih problema u Manmin centralnoj crkvi. Meni je

„Majko,
tako je zasljepljujuće...
po prvi put
ja vidim svjetlo...
nikada nisam mislila
da će se meni ovo dogoditi..."

Dženifer Rodrigez (Jennifer Rodriguez) iz Filipina,
koja je bila slijepa od rođenja,
počela je da vidi prvi put posle osam godina

žao, međutim za ljude čija su se srca promijenila čak i nakon što su dobili Božju milost i za druge koji su se odrekli svoje vjere i vratili se na svjetovni put. Kada su njihovi životi u bolovima i agoniji, takvi ljudi dolaze i mole se u suzama: „Moliću se samo za Gospoda kada dobijem iscjeljenje." Kada oni dobiju iscjeljenje i blagoslove, u potrazi za svojim prednostima ovi ljudi se odriču milosti i idu u stranu od istine. Čak iako su se možda njihovi fizički problemi riješili, to je bespotrebno zato što se njihov duh odvojio od puta spasenja i oni su na putu pakla.

Ovaj čovjek koji je rođen slijep imao je dobro srce koje se nije odreklo milosti. Zbog toga je kada je sreo Isusa, nije bio samo iscjeljen od slijepila već je bio i siguran u blagoslov spasenja. Kada ga je Isus pitao: „Vjeruješ li ti Sina Božijeg?" čovjek je odgovorio: „Ko je, Gospode, da Ga vjerujem?" (stihovi 35-36). Kada je Isus odgovorio: „I vidio si ga, i koji govori s tobom Ga je" čovjek je priznao: „Vjerujem Gospode!" (stihovi 37-38). Čovjek nije jednostavno „vjerovao;" on je primio Isusa kao Hrista. To je bilo čovjekovo čvrsto priznanje u kojem je on riješio da prati samo Gospoda i da živi samo za Gospoda.

Bog želi da svi mi dođemo ispred Njega sa ovom vrstom srca.

„ *Moje srce me je odvelo na to mjesto…*

ja sam samo žudila za milost…

Bog mi je dao ogroman poklon.
Ono što me čini srećnijom
nego to što vidim
je činjenica
da sam srela živog Boga! "

Marija iz Hondurasa,
koja je izgubila vid u desnom oku
kada je bila dvije godine stara,
počela je da vidi nakon što je primila molitvu
od dr. Džeroka Lija

On želi da mi Njega tražimo ne samo što nas On iscjeljuje od naših bolesti i što nas blagoslovi. On čezne za tim da mi razumijemo Njegovu iskrenu ljubav jer je darežljivo dao Njegovog jednog i jedinog Sina za nas i primamo Isusa kao našeg Spasitelja. Šta više, mi treba ne samo Njega da volimo sa našim usnama već takođe i sa našim postupcima u riječima Božjim. On nam govori u 1. Poslanici Jovanovoj 5:1: „Jer je ovo ljubav Božja da zapovijesti Njegove držimo; i zapovijesti Njegove nisu teške." Ako mi zaista volimo Boga, mi moramo da odbacimo sve što je zlobno iznad nas i da hodamo svaki dan u svjetlosti.

Kada mi tražimo nešto od Boga sa ovom vrstom vjere i ljubavi, kako On neće da nam odgovori? U Jevanđelju po Mateju 7:11, kao što nam je Isus obećao: „Kad dakle vi, zli budući, umete dare dobre davati djeci svojoj, koliko će više Otac vaš nebeski dati dobra onima koji Ga mole!" vjerujte da će naš Otac Bog odgovoriti na sve molitve Njegovoj voljenoj djeci.

Prema tome, nema veze koju vrstu problema ili bolesti imate, dođite ispred Boga. Sa priznanjem; „Vjerujem Gospode!" koje potiče iz sredine vašeg srca, kada vi pokažete djela vaše vjere, Gospod koji je iscijelio čovjeka rođenog slijepog će iscijeliti svaku

„Doktori su mi rekli
da ću uskoro da oslijepim...
stvari su počele da blede...

Hvala ti, Gospode,
što si mi dao svjetlost...

Ja sam čekao na Tebe..."

Svještenik Rikardo Morales (Ricardo Morales) iz Hondurasa,
koji je umalo postao slijep
poslije nesreće
ali počeo je da vidi

vrstu bolesti, okrenuće nemoguće u moguće i rešiće sve vaše probleme u životu.

Djela otvaranja oči slijepima u Manmin centralnoj crkvi

Još od otvaranja 1982. godine, Manmin je uveliko slavila Boga kroz djela otvaranja oči brojnim pojedincima koji su bili slijepi. Mnogi ljudi su bili slijepi još od rođenja i dobili su vid nakon molitve. Vid mnogih drugih koji se pogoršao i koji su se oslanjali na naočare ili kontaktna sočiva se povratio. Među mnogim, mnogim nevjerovatnim svjedočenjima, slijede nekoliko primjera.

Kada sam predvodio veliki ujedinjeni pohod u Hondurasu, jula 2002. godine, postojala je dvanaestogodišnja djevojčica Marija koja je izgubila vid u njenom desnom oku zbog visoke temperature kada je imala dvije godine. Njeni roditelji su su činili razne pokušaje da povrate njen vid. Čak i presađivanje rožnjače Mariji nije bilo od koristi. Za vrijeme sljedećih deset godina posle neuspjele transplatacije, Marija čak više nije mogla ni da vidi svjetlost kroz oko.

Onda u 2002. godini, u iskrenoj želji za milost Božju, Marija je prisustvovala pohodu u kojem je primila moju molitvu, počela je da vidi svjetlost i uskoro je povratila njen vid. Nervi u njenom oku koji su svakako propali i umrli su bili oporavljeni uz moć Božju. Koliko je ovo nevjerovatno? Nemjerljiv broj ljudi u Hondurasu je slavio i uzvikivao: „Bog je zaista živ i čini čak i danas!"

Pastor Rikardo Morales (Ricardo Morales) je skoro postao slijep ali je bio iscjeljen u potpunosti sa slatkom vodom iz Muana. Sedam godina prije rata u Hondurasu, pastor Rikardo je učestvovao u saobraćajnoj nesreći u kome je njegova mrežnjača bila kritično oštećena i patio je od velikog krvarenja. Doktori su rekli pastoru Rikardu da će uveliko izgubiti vid i da će svakako ostati slijep. Ipak, on je bio iscijeljen prvog dana na konferenciji crkvenih vođa 2002. godine u Hondurasu. Nakon što je čuo riječ Božju, u vjeri pastor Rikardo je stavi slatku vodu Muana na njegove oči i što je bilo još nevjerovatnije, predmeti su postali jasniji u minuti. Najprije, zato što nije očekivao nešto poput ovoga, pastor Rikardo nije mogao da vjeruje. Onda uveče, sa naočarima koje je imao, pastor Rikardo je posjetio prvu sjednicu pohoda. Onda, odjednom, staklo sa njegovih naočara je palo i on je čuo glas Svetog Duha: „Ako ne skineš svoje naočare, ti ćeš biti slijep." Pastor Rikardo je onda skinuo njegove naočare i shvatio je da može da vidi sve stvari jasno. Njegov vid se povratio i pastor Rikardo je mnogo slavio Boga.

U Najrobiju u Keniji u Manmin crkvi, mlad čovjek po imenu Kombo jednom je posjetio njegov rodni grad, koji je oko 400 kilometara (oko 250 milja) udaljen od crkve. Za vrijeme posjete, on je širio jevanđelje njegovoj porodici i govorio im je o čudesnim djelima Božje moći koja se dešavaju u Manmin crkvi u Seulu. On se molio za njih sa maramicom na kojoj se molio. Kombo se takođe predstavio njegovoj porodici kalendar koji štampa crkva.

Kada je čula njenog unuka kako propovijeda jevanđelje, Kombova baka koja je bila slijepa, mislila je u sebi sa iskrenom željom: „Voljela bih takođe da vidim sliku Dr. Džeroka Lija," kako je držala kalendar u njenim rukama. Ono što je slijedilo zaista je bilo čudesno. Kako je Kombova baka otvorila kalendar, njene oči su se otvorile i ona je mogla da vidi fotografiju. Aleluja! Kombova porodica je iz prve ruke iskusila djela moći koje je otvorilo oči slijepima i počela je da vjeruje u živog Boga.

Šta više, kada su se vijesti o ovom događaju raširile kroz selo, ljudi su tražili da filijala crkve bude otvorena takođe i u njihovom selu.

Sa brojnim djelima moći širom svijeta, sada postoje hiljade filijala Manmin crkve širom svijeta i jevanđelje svetosti se propovijeda na kraja svijeta. Kada vi priznate i vjerujete u djela Božje moći, vi takođe možete da postanete nasljednik Njegovih blagoslova.

Kao što je bilo i u slučaju Isusovog vremena, umjesto da se raduju i slave Boga zajedno, mnogi ljudi danas osuđuju, optužuju i i govore protiv djela Svetog Duha. Mi moramo da razumijemo da je ovo užasan grijeh, kao što nam je Isus naročito rekao u Jevanđelju po Mateju 12:31-32: „Zato vam kažem, svaki grijeh i hula oprostiće se ljudima; a na Duha Svetog hula neće se oprostiti ljudima. I ako ko reče riječ na Sina čovječijeg, oprostiće mu se; a koji reče riječ na Duha Svetog, neće mu se oprostiti ni na ovom svijetu ni na onom."

Kako ne bi protivriječili djelima Svetog Duha već umjesto toga iskusili nevjerovatna djela Božje moći, mi moramo da priznamo i da žudimo za Njegovim djelima kao čovjek koji je bio slijep iz Jevanđelja po Jovanu 9. U skladu sa tim koliko su ljudi sebe pripremili da postanu dobre posude da bi dobili odgovore sa vjerom, neki će iskusiti dela Božje moći dok drugi neće.

Kao što nam Psalmi 18:25-26 govore: „Sa svetima postupaš sveto, s čovjekom vjernim vjerno, s čistim čisto, a s nevaljalim nasuprot njemu," da svako od vas u vjerovanju u Boga koji nas nagrađuje u skladu sa onim što smo uradili i pokazali svojim djelima u vjeri, da postanete nasljednik Njegovih blagoslova, u ime našeg Gospoda Isusa Hrista ja se molim!

Poruka 7
Ljudi će ustati, poskočiće i hodaće

Jevanđelje po Marku 2:3-12

*I dođoše k Njemu s oduzetim
koga su nosili četvoro.
I ne mogući približiti se k Njemu od naroda
otkriše kuću gdje On bijaše;
i prokopavši spustiše odar
na kome oduzeti ležaše. A Isus
vidjevši vjeru njihovu reče uzetome:
„Sinko! Opraštaju ti se grijesi tvoji."
A onde seđahu neki od književnika
i pomišljahu u srcima svojim:
„Šta ovaj tako huli na Boga?
Ko može opraštati grijehe osim jednog Boga?
" I odmah razumijevši Isus duhom svojim
da oni tako pomišljaju u sebi,
reče im: „Što tako pomišljate
u srcima svojim? Šta je lakše? Reći uzetome:
„Opraštaju ti se grijesi", ili reći: Ustani i
uzmi odar svoj, i hodi?"
No da znate da vlast ima Sin čovječji
na zemlji opraštati grijehe."
Reče uzetome:
„Tebi govorim, ustani,
i uzmi odar svoj, i idi doma."
I usta odmah, i uzevši odar
izađe pred svima
tako da se svi divljahu i hvaljahu Boga govoreći:
„Nikada toga vidjeli nismo."*

Biblija nam govori da su u vrijeme Isusa mnogi koji su bili paralizovani ili bogalji primili potpuno iscjeljenje i mnogo su slavili Boga. Kako je Bog obećao u Isaiji 35:6: „Tada će hromi skakati kao jelen, i jezik nemog pevaće, jer će u pustinji provreti vode i potoci u zemlji sasušenoj," i ponovo u Isaiji 49:8: „U vrijeme milosno usliših te, i u dan spasenja pomogoh ti; i čuvaću te i daću te da budeš zavjet narodu da utvrdiš zemlju i nasljediš opustelo naslijedstvo;" Bog nam neće samo odgovoriti već će nas takođe i povesti ka spasenju.

To se neprestano potvrđuje danas u Manmin centralnoj crkvi, gdje su uz moć Božjih čuda mnogi pacijenti počeli da hodaju, ustajali su iz invalidskih kolica i bacali svoje štake.

Sa kojom vrstom vjere je paralizovan čovjek spomenut u Jevanđelju po Marku 2 došao ispred Isusa i primio spasenje i blagoslov odgovora? Ja se molim za one koji trenutno nisu u mogućnosti zbog slabosti da hodaju, da ustanu, hodaju i da opet potrče.

Paralizovan čovjek čuo je vijesti o Isusu

U Jevanđelju po Marku je detaljan prikaz paralizovanog čovjeka koji je primio iscjeljenje od Isusa kada je On posjetio Kapernaum. U tom gradu je živio veoma siromašan i paralizovan čovjek koji nije mogao sam da sedne bez pomoći drugih i živio je samo zato što nije mogao da umre. Ipak, on je čuo vijesti o Isusu koji je otvarao oči slijepima, učinio da bogalji ustanu, istjerivao zle demone i iscjeljivao ljude od različitih vrsta bolesti. Zato što je čovjek imao dobro srce, kada je čuo vijesti o Isusu, on se sjetio njih i došao je sa iskrenom željom da sretne Isusa.

Jednog dana, paralizovan čovjek je čuo da je Isus došao u Kapernaum. Kako je uzbuđen i radostan on morao da bude u očekivanju da će se sresti sa Isusom? Paralizovan čovjek međutim nije mogao sam da se pomera i prema tome je tražio prijatelje koji bi ga odveli do Isusa. Srećom, zato što su njegovi prijatelji bili dobro upoznati o Isusu, oni su se složili da pomognu njihovom prijatelju.

Paralizovan čovjek i njegovi prijatelji dolaze pred Isusa

Paralizovan čovjek i njegovi prijatelji stigli su do kuće u kojoj je Isus propovijedao, ali pošto se okupila velika masa ljudi oni nisu mogli da nađu najbliži prostor do vrata a još manje da uđu u kuću. Okolnosti nisu dozvoljavale da paralizovan čovjek i njegovi prijatelji dođu ispred Isusa. Oni mora da su preklinjali masu: „Molimo vas pomjerite se u stranu! Mi imamo kritičnog pacijenta!" Međutim kuća i okućnica su bile prepune ljudima. Da je paralizovanom čovjeku i njegovim prijateljima nedostajala vjera, oni bi se možda vratili kući i ne bi sreli Isusa.

Međutim, oni nisu odustajali vać su umjesto toga pokazali svoju vjeru. Nakon razmišljanja kako da se sretnu sa Isusom, kao poslednje rješenje prijatelji paralizovanog čovjeka počeli su da otvaraju rupu na krovu iznad Isusa i da je kopaju. Čak iako su se izvinjavali vlasniku kuće i kasnije mu platili za štetu, paralizovan čovjek i njegovi prijatelji bili su očajni da se sretnu sa Isusom i da dobiju iscjeljenje.

Vjera je praćena djelima a djela vjere mogu da se prikažu samo kada sebe spustite sa skromnim srcem. Jeste li ikada pomislili ili rekli sebi: „Iako ja to želim, moje fizičke sposobnosti mi ne dozvoljavaju da idem u crkvu?" Da je paralizovan čovjek priznavao stotinu puta: „Gospode, ja vjerujem da ti znaš da ja ne mogu da dođem da se sretnem sa tobom zato što sam paralizovan. Ja takođe vjerujem da ćeš me ti iscijeliti čak i kada ležim u mom krevetu," za njega se ne bi reklo da je pokazao njegovu vjeru.

Bez obzira koliko bi ga to koštalo, paralizovan čovjek je došao ispred Isusa da dobije iscjeljenje. Paralizovan čovjek je vjerovao i bio je ubijeđen da će biti iscjeljen kada se sretne sa Isusom i tražio je od njegovih prijatelja da ga odnesu ispred Isusa. Šta više, pošto su njegovi prijatelji takođe imali vjeru, oni su mogli da služe paralizovanom prijatelju tako što su napravili i kopali rupu i spustili se kroz krov stranca.

Ako vi iskreno vjerujete da ćete biti iscjeljeni ispred Boga, dolazak ispred Njega je dokaz vaše vjere. Zbog toga nakon što su oni iskopali rupu na krovu, prijatelji paralizovanog čovjeka su spustili podmetač na kome je paralizovan čovjek ležao i prestavili su ga ispred Isusa. U to vrijeme, krovovi kuća u Izraelu bili su ravni i postojalo je stepenište uz svaku kuću kako bi ljudi imali lak pristup krovovima. Šta više, krovni crijepovi su mogli lako da se uklone. Ove pogodnosti dozvoljavale su paralizovanom čovjeku da stigne ispred Isusa mnogo bliže od bilo koga drugoga.

Mi možemo da dobijemo odgovore nakon što rješimo problem grijeha

U Jevanđelju po Marku 2:5 mi nailazimo da je Isus bio evidentno očaran djelima vjere paralizovanog čovjeka. Prije nego što je On iscijelio paralizovanog čovjeka, zašto mu je Isus rekao: „Sinko, opraštaju ti se grijesi tvoji." Ovo je zato što oproštaj od grijehova mora stajati iznad iscijeljenja.

U Izlazku 15:26 Bog nam govori: „Ako dobro uzaslušaš glas GOSPODA Boga svog, i učiniš što je pravo u očima Njegovim, i ako prigneš uho k zapovijestima Njegovim i sačuvaš sve uredbe Njegove, nijednu bolest koju sam pustio na Misir neću pustiti na tebe; jer sam Ja GOSPOD, ljekar tvoj." Ovde „bolesti koju sam pustio na Misir" se odnosi na svaku bolest koja je poznata čovjeku. Prema tome, kada se mi povinujemo Njegovim zapovjestima i živimo po Njegovoj Riječi, Bog će nas zaštiti kako nas ni jedna bolest ne bi pogodila. Šta više, u knjizi Ponovljeni Zakonik 28 Bog nam obećava da dokle god se povinujemo i živimo po Njegovoj Riječi, nijedna bolest nikada neće prodrijeti u naša tijela. U Jevanđelje po Jovanu 5, nakon što je iscijelio čovjeka koji je bio bolestan trideset osam godina, Isus mu je rekao: „Eto si zdrav, više ne griješi, da ti ne bude gore" (stih 14).

Zato što sve bolesti potiču od grijeha, prije nego što je On iscijelio paralizovanog čovjeka Isus mu je prvo dao oproštaj. Odlazak ispred Isusa, međutim, ne mora uvijek da rezultira oproštaj. Kako bi dobili iscjeljenje, mi moramo prvo da se pokajemo od naših grijehova i da se odvratimo od njenog puta. Ako ste vi bili griješnik, vi morate da postanete onaj koji više ne griješi; ako ste bili lažov, vi morate da postanete onaj koji više ne laže; a ako ste mrzeli druge, vi ne smijete više da mrzite. Samo onima koji se povinuju riječi Bog daje oproštaj. Šta više, priznanje: „ja vjerujem" ne garantuje vam oproštaj; kada mi izađemo na svjetlost, krv našeg Gospoda će svakako očistiti nas od naših grijehova (1. Jovanova Poslanica 1:7).

Paralizovan čovjek hoda uz moć Božju

U Jevanđelju po Marku 2, mi nailazimo da nakon što je primio oproštaj, čovjek koji je bio paralizovan je ustao, uzeo je svoj podmetač i izašao je napolje na očigled svih ljudi koji su bili tamo. Kada je on došao kod Isusa, on je ležao na podmetaču.

Čovjek je bio iscjeljen, međutim u momentu kada mu je Isus rekao: „Sinko, opraštaju ti se grijesi tvoji" (stih 5). Umjesto da se raduju iscjeljenju, učitelji zakona su bili zauzeti raspravama. Kada je Isus rekao čovjeku: „Sinko, opraštaju ti se grijesi tvoji," oni su mislili u sebi: „Zašto ovaj čovjek tako priča? Ko može opraštati grijehe osim jednog Boga?" (stih 7).

Onda im je Isus odgovorio: „Što tako pomišljate u srcima svojim?" Šta je lakše, reći uzetome: „Opraštaju ti se grijesi," ili reći: „Ustani i uzmi odar svoj, i hodi?" No da znate da vlast ima Sin čovječji na zemlji opraštati grijehe" (stihovi 8-10). Nakon što ih je prosvijetlio sa providenjem Božjim, kada je Isus rekao paralizovanom čovjeku: „tebi govorim, ustani i uzmi odar svoj i idi doma" (stih 11) čovjek je odmah ustao i hodao. Drugim riječima, za čovjeka koji je bio paralizovan i koji je dobio iscjeljenje to označava da je dobio oproštaj i da Bog garantuje za svaku riječ koju je Isus izgovorio. To je takođe dokaz da svemogući Bog garantuje Isusa kao Spasitelja čovječanstva.

Primjeri ustajanja, poskakivanja i hodanja

U Jevanđelju po Jovanu 14:11, Isus nam govori: „Vjerujte Meni da sam Ja u Ocu i Otac u Meni; ako li Meni ne vjerujete, vjerujte Mi po tim djelima." Zbog toga, mi vjerujemo da su Otac Bog i Isus jedno isto u svjedočenju da je paralizovanom čovjeku koji je došao ispred Isusa u vjeri bilo oprošteno, da je ustao, poskočio i hodao na Isusovu zapovijest.

U sledećem Jevanđelju po Jovanu 14:12, Isus nam je takođe rekao: „Zaista, zaista vam kažem: koji vjeruje Mene, djela koja Ja tvorim i on će tvoriti, i veća će od ovih tvoriti; jer Ja idem k Ocu Mom." Kako sam ja sto posto vjerovao u riječ Boga, nakon što sam bio pozvan kao sluga Božji ja sam postio mnogo, mnogo dana da dobijem Njegovu moć. Shodno tome, svjedočenja iscjeljenja bolesti moderna medicinska nauka nije mogla da podnese jer su bila obilna u Manminu još od njenog otvaranja.

Svaki put crkva kao cjelina prolazila je kroz iskušenja u blagoslovima, brzina kojom su pacijenti dobijali iscjeljenja se ubrzala dok su veće kritične bolesti bile iscjeljene. Kroz godišnjicu dvonedjeljne posebne Službe preporoda održane od 1993.godine do 2004. godine i svjetskog Velikog ujedinjenog pohoda, veliki broj ljudi širom svijeta je iskusio zapanjujuća djela Božje moći.

Između mnogih primjera u kojima su ljudi ustali, poskočili i hodali evo nekoliko primjera.

Ustajanje posle devet godina u invalidskim kolicima

Prvo svjedočenje je od đakona Jonsup Kima (Yoonsup Kim). U maju 1990.godine, on je pao sa petospratne zgrade dok je radio na struji u Teadok gradu nauke (Taedok Science Town) u Sjevernoj Koreji. Ovo se dogodile prije nego što je Kim počeo da vjeruje u Boga.

Odmah nakon pada, on je odveden u Sun bolnicu u Josungu (Yoosung), provinciji Čongman (Choongnam Province) gdje je bio u komi šest mjeseci. Nakon što se probudio iz kome međutim, bol od pritiska i preloma u jedanaestom i dvanaestom pršljenu i kilu i četvrtom i petom lumbalnom pršljenu su bili nevjerovatno jaki. Doktori u bolnici su obavijestili Kima da je njegovo stanje kritično. On je bio premještan u druge bolnice mnogo puta. Međutim, bez ikakvih promjena u njegovom poboljšanju stanja, Kimu se utvrdilo da pati od prvog stepena invaliditeta. Oko struka, Kim je nosio protezu za kičmu sve

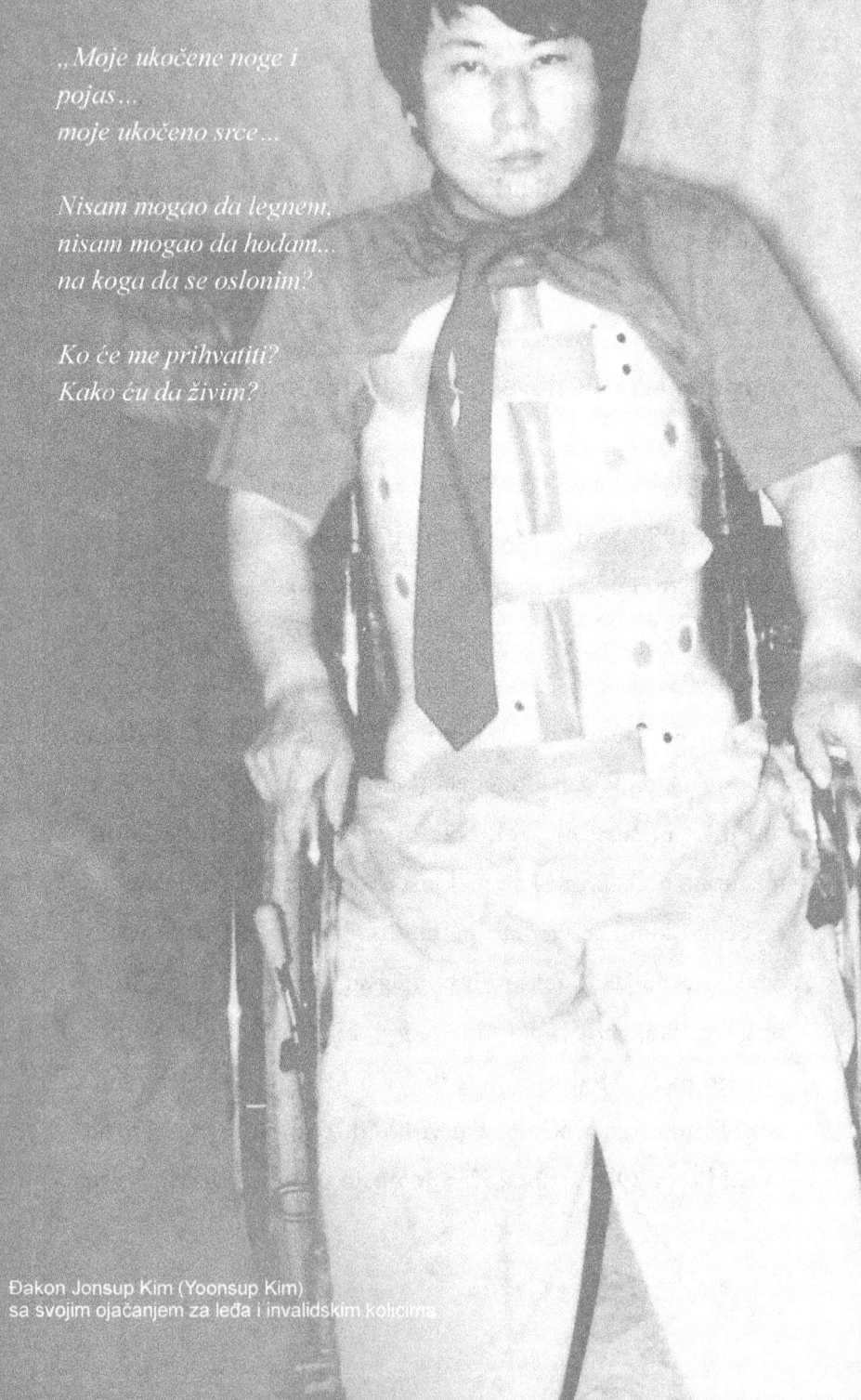

„Moje ukočene noge i pojas...
moje ukočeno srce...

Nisam mogao da legnem,
nisam mogao da hodam...
na koga da se oslonim?

Ko će me prihvatiti?
Kako ću da živim?

Đakon Jonsup Kim (Yoonsup Kim)
sa svojim ojačanjem za leđa i invalidskim kolicima

vrijeme. Šta više, pošto nije mogao da leži on je spavao dok je sedio.

U toku ovog teškog vremena, Kim se evangelizovao i došao je u Manmin, gdje je počeo sa životom u Hristu. Kada je posjetio posebnu Službu božanstvenog iscjeljenja u novembru 1998. godine, Kim je imao nevjerovatno iskustvo. Prije Službe, on nije mogao da legne na svoja leđa niti da sam koristi toalet. Nakon što je primio moju molitvu, on je mogao da ustane iz njegovih invalidskih kolica i da hoda uz pomoć štaka.

Kako bi dobio potpuno iscjeljenje, đakon Kim je predano posjećivao Službe preporoda i službe i nikada nije prestao da se moli. Pored toga, u iskrenoj želji i u pripremi za sedmu dvonedjeljnu Službu preporoda u maju 1999.godine, on je postio dvadeset i jedan dan. Kada sem se ja molio za bolesne sa propovjedaonice za vrijeme prve sesije Službe, đakon Kim je osjetio jaku svjetlost kako sija nad njim i imao je viziju u kojoj trči. U drugoj nedjelji Službe, kada sam ja položio ruke i molio se za njega, on je mogao da osjeti kako je njegovo tijelo lakše. Kada se vatra Svetog Duha spustila na njegove noge, snaga koja je njemu nepoznata je data. On je mogao da baci njegovu protezu za kičmu i štake, da hoda bez ikakvih poteškoća i da slobodno pomjera njegov struk.

Uz Božju moć, đakon Kim je počeo da hoda kao sasvim obična osoba. On čak i vozi biciklu i revnosno služi crkvi. Šta više, ne tako davno đakon Kim se oženio i sada vodi zaista srećni život.

Ustajanje iz invalidskih kolica
nakon primanja molitve sa maramicom

U Manminu, spektakularni događaji koji su se zapisani u Bibliji i izvanredna čuda su se dogodila; kroz njih se Bog i dalje slavi. Među takvim događajima i čudima je manifestovanje Božje moći kroz maramicu.

U Djelima Apostolskim 19:11-12 mi nailazimo da: „Bog je činio izvanredna čuda sa rukama Pavla, tako da kad bi se maramice ili kecelje sa njegovog tijela samo donele do bolesnih, bolesti su ih napuštale i zli duhovi bi izašli napolje." Slično tome, kada su ljudi uzimali maramicu na kojom sam se molio ili bilo koji predmet na mom tijelu i davali bolesnima, čudesna djela iscjeljenja su se manifestovala. Kao posledica toga, mnoge zemlje i ljudi su širom svijeta tražili od nas da predvodimo pohode sa maramicom u njihovim rejonima. Šta više, brojni ljudi u Africi, Pakistanu, Indoneziji, Filipinima, Hondurasu, Japanu, Kini, Rusiji i mnogi drugi su očekivali takođe i „nevjerovatna čuda."

U aprilu 2001. godine, jedan pastor iz Manmina predvodio je pohod sa maramicom u Indoneziji u kojoj su brojni ljudi dobili iscjeljenje i davali su slavu živom Bogu. Među njima je bio i bivši državni guverner koji se oslanjao na invalidska kolica. Kada je on bio iscjeljen kroz molitvu sa maramicom, to je uskoro postala velika vijest.

U maju 2003.godine, drugi pastor Manmina predvodio je pohod sa maramicom u Kini u kojoj je, među mnogim primjerima iscjeljenja, čovjek koji se oslanjao na štake trideset i četiri godine počeo sam da hoda.

Ganeš (Ganesh) baca njegove štake na Molitvenom festivalu čudesnog iscjeljenja 2002. godine u Indiji

U 2002.godini, na Molitvenom festivalu čudesnog iscjeljenja u Indiji, koje se dogodilo na plaži Marina u Čenaju (Chennai)

*„Ja više ne mogu da osjetim
devet noktiju
koji pritiskaju
moje meso i kosti!*

*Ja nisam ranije mogao da ustanem
zbog bolova,
ali sada ja mogu da hodam!"*

Ganeš počinje da hoda
bez štaka
nakon što je primio molitvu
od dr. Džeroka Lija

sapretežno hindu-indijcima, više od tri miliona ljudi se okupilo, iz prve ruke je svjedočilo pravim zapanjujućim djelima Božje moći i mnogi od njih su se okrenuli hrišćanstvu. Pored ovog pohoda, tempo u kojim su ukočene kosti postale pokretne i mrtve ćelije oporavljane je polako napredovao. Sa početkom pohoda u Indiji, djela isjceljenja su prkosila redu ljudskog tijela.

Među onima koji su dobili isceljenje je bio šestnaestogodišnji dječak nazvan Ganeš. On je pao sa bicikle i povrijedio je njegovu desnu karlicu. Teška finansijska situacija kod kuće ga je spriječavala do dobije odgovarajući tretman. Kako su godine prolazile, tumor se razvio u njegovim kostima i on je bio primoran da odstrani desnu karlicu. Doktori su mu stavili tanku metalnu ploču na njegovoj butnoj kosti i ostale dijelove njegove karlice i učvrstili su ploču sa devet šrafova. Nevjerovatan bol od učvršćenih šrafova učinio je to da nije mogao da hoda gore i dole stepenicama ili da hoda bez štaka.

Kada je on čuo za pohod, Ganeš ga je posjetio i prisustvovao je vatrenim djelima Svetog Duha. Drugog od četiri dana pohoda, kako je primio „Molitvu za bolesne" on je osjetio kako se njegovo tijelo zagrijava kao da je bio stavljen u lonac sa ključalom vodom i više nije osjećao nikakav bol u njegovom tijelu. On se

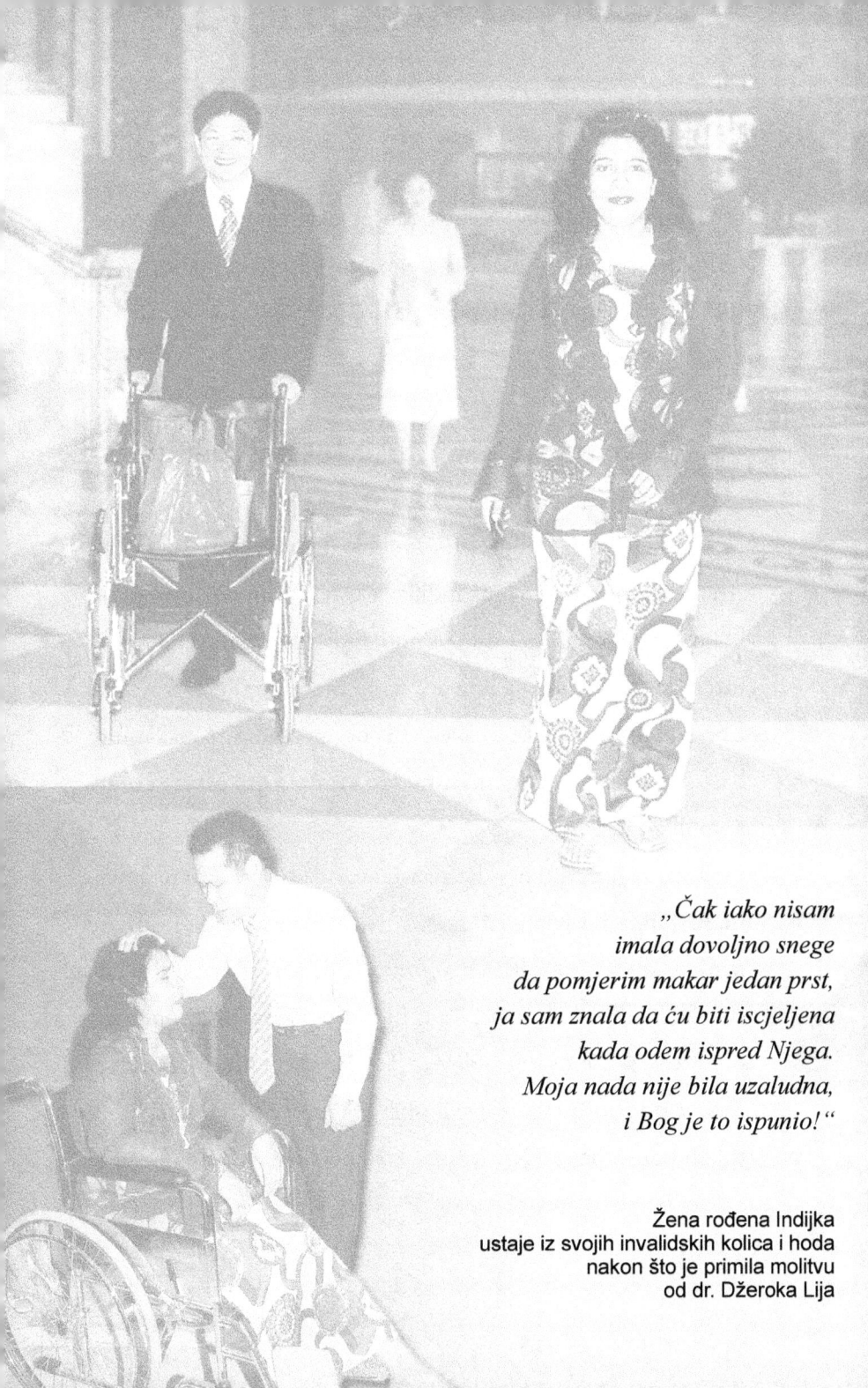

„Čak iako nisam imala dovoljno snege da pomjerim makar jedan prst, ja sam znala da ću biti iscjeljena kada odem ispred Njega. Moja nada nije bila uzaludna, i Bog je to ispunio!"

Žena rođena Indijka ustaje iz svojih invalidskih kolica i hoda nakon što je primila molitvu od dr. Džeroka Lija odmah popeo na binu i dao svjedočenje o njegovom iscjeljenju. Od tada, on više nije osjećao bolove na bilo kom mjestu svoga tijela, nije koristio štake i mogao je slobodno da hoda i da trči.

Žena ustaje iz invalidskih kolica u Dubaiju

U aprilu 2003.godine, kada sam bio u Dubaiju, Ujedinjenim Arapskim Emiratima, žena Indijka je ustala iz njenih invalidskih kolica odmah nakon što je primila moju molitvu. Ona je bila inteligentna žena koja je studirala u Sjedinjenim Državama. Zbog ličnih problema, ona je patila od mentalnog šoka, koje je bilo povezano sa kasnijom saobraćajnom nesrećom i komplikacijama.

Kada sam prvi put vidio ovu ženu, ona nije mogla da hoda, nedostajala joj je snaga da govori i nije mogla da podigne naočale koje je ispustila. Ona je dodala da je bila suviše slaba da piše ili da uzme čašu vode. Kada bi je drugi jedva dodirnuli, ona bi osjećala nevjerovatne bolove. Međutim, nakon molitve, žena je odmah ustala iz invalidskih kolica. Čak iako sam ja bio toliko oduševljen ovom ženom, koja nije imala dovoljno snage da govori do prije nekoliko minuta, ona je sada mogla da skupi svoje stvari i da izađe iz prostorije.

Jeremija 29:11 nam govori: „Jer ja znam misli koje mislim za vas, govori Gospod, misli dobre a ne zle, da vam dam posledak kakav čekate." Naš Otac Bog nas je toliko volio da je On darežljivo dao Njegovog jednog i jedinog Sina.

Prema tome, čak iako ste živjeli mizernim životom zbog fizičke nesposobnosti, vi imate nadu da živite srećnim i zdravim životom sa vjerom u Oca Boga. On ne želi da vidi ni jedno od Njegove djece u iskušenjima i žalosti. Šta više, On teži da svakome na svijetu da mir, radost, sreću i budućnost.

Kroz priču o paralizovanom čovjeku istaknutu u Jevanđelju po Marku 2, vi ste spoznali puteve i metode sa kojima vi možete da dobijete odgovore na želje vašeg srca. Da svako od vas pripremi posudu vjere i da dobije šta god da potraži, u ime našeg Gospoda Isusa Hrista ja se molim!

Poruka 8
Ljudi će se radovati, igrati i pevjati

Jevanđelje po Marku 7:31-37

I opet izađe Isus iz krajeva tirskih i sidonskih
i dođe na more galilejsko
u krajeve desetogradske.
I dovedoše k Njemu
gluvog
i mutavog,
i moljahu Ga da metne na nj ruku.
I uzevši ga iz naroda nasamo
metnu prste svoje u uši njegove,
i pljunuvši dohvati se jezika njegovog;
i pogledavši na nebo uzdahnu,
i reče mu: „Efata!" to jeste: „Otvori se!"
I odmah mu se otvoriše uši,
i razriješi se sveza jezika njegovog
i govoraše lijepo.
I zapreti im da nikome ne kazuju;
ali što im više On zabranjivaše
oni još više razglašavahu.
I vrlo se divljahu govoreći:
„Sve dobro čini;
i gluve čini da čuju i neme da govore"

Mi nailazimo na sljedeće u Jevanđelju po Mateju 4:23-24:

I prohođaše po svoj Galileji Isus učeći po zbornicama njihovim, i propovjedajući jevanđelje o carstvu, i iscjeljujući svaku bolest i svaku nemoć po ljudima. I otide glas o Njemu po svoj Siriji i privedoše Mu sve bolesne od različnih bolesti i s različnim mukama, i bijesne, i mjesečnjake, i uzete, i iscijeli ih.

Isus ne samo da je propovjedao riječ Božju i dobre vijesti o kraljevstvu, već je takođe i iscijelio brojne ljude koji su patili od različitih bolesti. Iscjeljivanjem bolesti u kojima je ljudska moć bila beskorisna, riječ koju je Isus objavio je bila ugravirana u srcima ljudi i On ih je poveo ka nebu sa njihovom vjerom.

Isus iscjeljuje gluvonemog čovjeka

U Jevanđelju po Marku 7 je priča o vremenu kada je Isus putovao od Tira do Sidona, a onda odatle do Galilejskog mora pa u oblast Dekapolj, i iscijelio gluvonemog čovjeka. Ako neko „jedva govori," to znači da on muca i da ne može razgovetno da govori. Čovjek iz ovog odeljka je vjerovatno naučio da govori kada je bio dijete, ali je kasnije postao gluv i sada je „jedva je mogao da govori."

Sve u svemu „gluvonem" je neko ko nije naučio jezik i da govori zbog gluvoće, dok se „bradiacusija" (tupost sluha) odnosi na poteškoće sluha. Postoje mnogi brojni načini u kojima neko postaje gluvonem. Prvo od njih je naslijedno. U drugom slučaju, jedan postaje rođen gluvonem ako majka pati od rubeole (drugačije poznate kao „nemačke ospice") ili uzima pogrešnu terapiju za vrijeme trudnoće. U trećem slučaju, ako je djetetu dijagnostikovan meningitis kada je bilo staro tri ili četiri godine u vrijeme kada dijete uči da govori, ono može postati gluvonemo. U slučaju bradiocusije, ako je bubna opna pukla, slušni aparati mogu da olakšaju poteškoće. Ako postoji problem u samom slušnom nervu, ni jedan slušni aparat neće pomoći. Za druge slučajeve u kojima neko radi u veoma bučnom okruženju ili ako je slabljenje sluha nastalo zbog starosti, za to može da se kaže da ne postoji osnovno izlečenje.

Pored toga, jedan može da postane gluvonem ako je

opsjednut demonima. U takvom slučaju, kada pojedinac sa duhovnom vlasti istjeruje zle duhove, osoba će odmah početi da čuje i da govori. U Jevanđelju po Marku 9:25-27, kada je Isus prekorio zlog duha u dječaku koji nije mogao da govori: „Duše nemi i gluvi, Ja ti zapovijedam, izađi iz njega i više ne ulazi u njega," (stih 25) zao duh je odmah izašao i dječak je bio dobro.

Vjerujte da kada Bog radi, nijedna bolest ili slabost neće vam uzrokovati problem ili vam predstavljati pretnju. Zbog toga mi nailazimo u Jeremiji 32:27: „Gle, ja sam GOSPOD Bog svakog tijela, eda li je Meni šta teško?" Psalmi 100:3 nam zapovjedaju: „Poznajte GOSPOD da je Bog; On nas je stvorio, i mi smo dostojanje Njegovo, narod Njegov i ovce paše Njegove," dok nas Psalmi 94:9 podsjećaju: „Koji je stvorio uho, zar ne čuje? I koji je oko načinio, zar ne vidi?" Kada mi vjerujemo u svemogućeg Oca Boga koji je oblikovao naše uši i oči iz dubine naših srca, sve je moguće. Zbog toga je za Isus, koji je došao na ovu zemlju u tijelu, sve bilo moguće. Kao što nailazimo u Jevanđelju po Marku 7, kada je Isus iscijelio gluvo nemog čovjeka, čovjekove uši su se otvorile i Njegove riječi postale su jasne.

Kada mi ne vjerujemo samo u Isusa Hrista već tražimo Božju

moć sa zrelom vjerom, ista djela kao ona zapisana u Bibliji će se čak i danas događati. Na ovo, Poslanica Jevrejima 13:8 nam govori: „Isus Hristos juče je i danas onaj isti i vavijek," dok nas Poslanica Efežanima 4:13 da mi treba da: „dostignemo svi u jedinstvo vjere i poznanje Sina Božjeg, u čovjeka savršenog, u mjeru rasta visine Hristove."

Međutim, propadanje dijelova tijela ili gluvoća ili mutavost kao rezultat mrtvih nervnih ćelija ne mogu biti izliječene sa darom iscjeljenja. Samo kada pojedinac koji je dostigao u cjelosti mjeru vjere u ispunjenju Isusa Hrista, dobiće moć i vlast od Boga i moliće se u skladu sa Božjom voljom, djela iscjeljenja će se dogoditi.

Primjeri Božjeg iscjeljenja gluvih u Manminu

Ja sam svjedočio mnogim primjerima u kojima je bradiacusija bila iscjeljena i mnogi ljudi koji nisu mogli da čuju od rođenja počeli su da čuju po prvi put. Postojalo je dvoje ljudi koji su mogli da čuju prvi put posle pedeset i pet i pedeset i sedam godina.

Pjesma slave
od ljudi
koji su bili iscijeljeni od svoje gluvoće

„Sa životom
koji si nam Ti dao,
mi ćemo hodati
na zemlji
u žudnji za Tobom.

Moja duša koja je čista kao kristal
dolazi do Tebe."

Đakonica Napšim Park (Napshim Park) daje slavu Bogu nakon što je bila iscijeljena od 55. godina njene gluvoće.

U septembru 2000. godine, kada sam predvodio Festival čudesnog iscjeljenja u Nagoji, Japanu, trinaest ljudi koji su patili od oštećenja sluha dobili su iscjeljenje odmah nakon što su primili moju molitvu. Ove vijesti su se vratile nazad u Koreju mnogima sa oštećenim sluhom i mnogi od njih su posjetili devetu dvonedjeljnu Službu preporoda maja 2001. godine, dobili iscjeljenje i mnogo slavili Boga.

Među njima je bila i trideset i tri godine stara žena koja je bila gluvonema još od nesreće kada je imala osam godina. Kada je bila dovedena u našu crkvu kratko prije Preporoda 2001. godine, ona je sebe pripremila da dobije odgovore. Žena je prisustvovala „Danilovoj Molitvenoj službi" i kako se sjetila njenih grijehova iz prošlosti, ona je pokidala svoje srce. Kako je sebe sa iskrenom željom pripremala za Službu preporoda, ona je prisustvovala Službi. Za vrijeme poslednje sesije Službe, kada sam ja položio moje ruke na gluvoneme da bi se molio za njih, ona nije osjetila odmah promjenu. Bez obzira na to, ona nije bila razočarana. Umjesto toga, ona je vidjela svjedočenja onih koji su dobili iscjeljenje u radosti i zahvalnosti i vjerovala je čak i više da može takođe biti iscjeljena.

Bog je ovo cijenio kao vjeru i iscijelio je ženu ubrzo nakon što se Služba završila. Ja sam vidio dejla Božje moći manifestovana čak i nakon što je Služba bila završena. Šta više, test sluha kroz koji je ona prošla samo svjedoči ispunjenju iscjeljenja u oba uha. Aleluja!

Rođeni gluvi dobijaju iscjeljenje

Jačina manifestovanja Božje moći je rasla iz godine u godinu. Na Pohodu čudesnog iscjeljenja 2002. godine u Hondurasu, brojni ljudi koji su bili nemi i gluvi počeli su da čuju i da govore. Kada je ćerka glavnog šefa obezbeđenja za vrijeme pohoda bila iscjeljena zbog gluvoće koju je imala cijeli život, ona je postala toliko uzbuđena i neizmjerno zahvalna.

Jedno od uveta osmogodišnje Medlin Jaimin Bartres (Madeline Yaimin Bartres) nije izraslo kako treba i ona je postepeno gubila sluh. Nakon što je čula za pohod, Medlin je molila oca da je tamo odvede. Ona je dobila obilnu milost za vrijeme slavljenja i nakon što je primila moju molitvu za sve bolesne, počela je jasno da čuje. Kako je njen otac predano radio za pohod, Bog je blagoslovio njegovo dijete na ovaj način.

Na Festivalu molitva čudesnog iscjeljenja 2002. godine u Indiji, Dženifer (Jennifer) skida slušni aparat

Iako mi nismo bili u mogućnosti da zapišemo sva brojna iscjeljenja za vrijeme i posle Pohoda u Indiji, čak i sa nekim odabranim mi smo primorani da damo zahvalnost i slavu Bogu. Među ovakvim slučajevima je priča o djevojčici zvanoj Dženifer, koja je bila gluva i mutava od rođenja. Doktor joj je preporučio da nosi slušni aparat kako bi poboljšala malo sluh ali je podjsetio da sluh neće biti savršen.

Dok se Dženiferina majka molila svaki dan za ćerkino iscjeljenje, one su prisustvovale pohodu. Majka i ćerka su sele blizu jednog velikog zvučnika zato što i tako blizina zvučnika ne bi škodila Dženifer. Međutim zadnjeg dana pohoda, zbog velike mase ljudi koja se okupila, one nisu mogle da nađu mjesto blizu zvučnika. Ono što je sledilo bilo je zaista čudesno. Odmah nakon što sam ja završio molitvu za bolesne sa propovjedaonice, Dženifer je rekla majci da je jačina zvuka bila preglasna i pitala je majku da skine slušni aparat.   Aleluja!

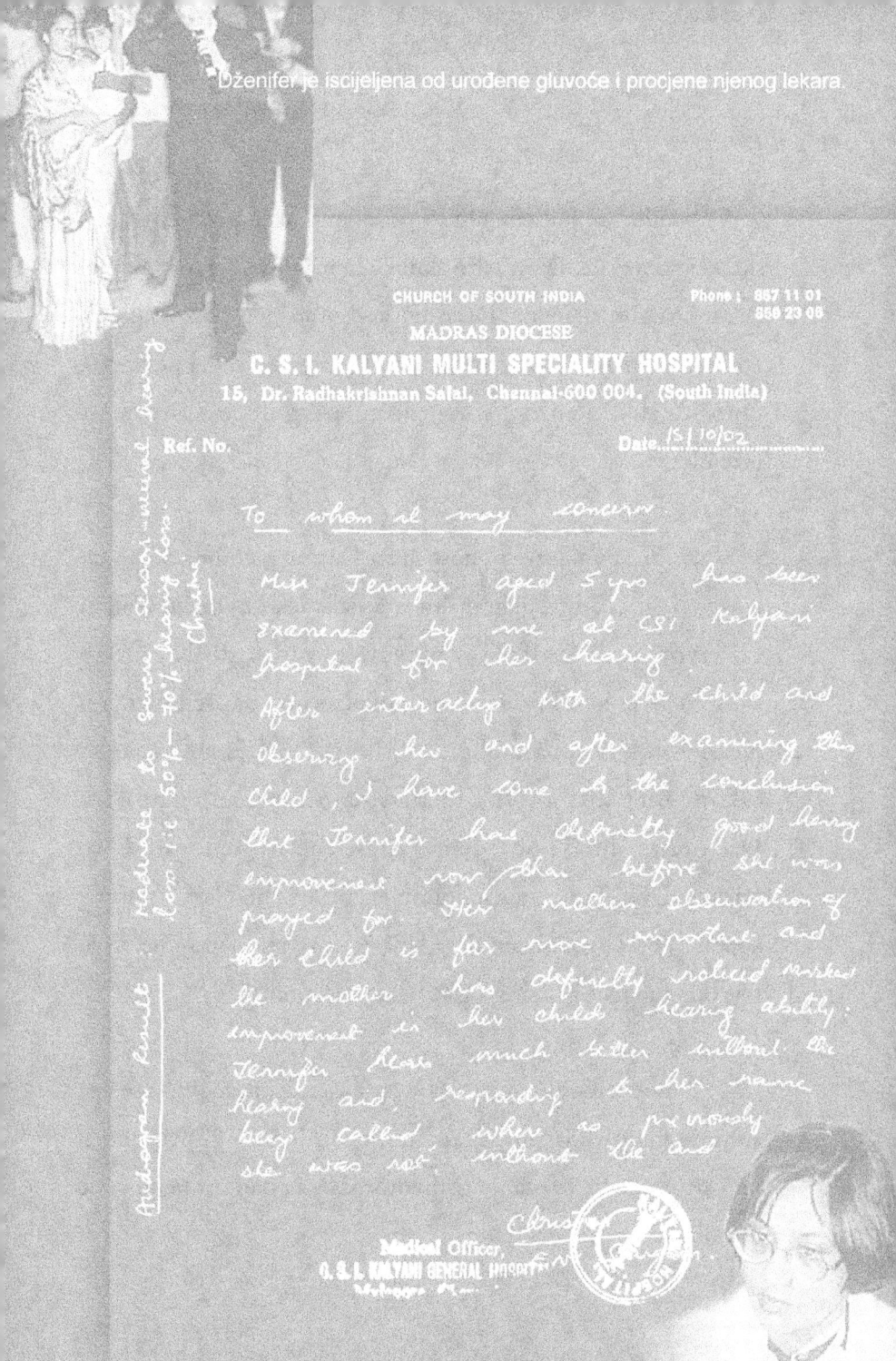

Dženifer je iscijeljena od urođene gluvoće i procjene njenog lekara.

CHURCH OF SOUTH INDIA   Phone: 857 11 01
                     MADRAS DIOCESE   858 23 06

C. S. I. KALYANI MULTI SPECIALITY HOSPITAL
15, Dr. Radhakrishnan Salai, Chennai-600 004. (South India)

Ref. No. .... Date: 15/10/02

To whom it may concern

Miss Jennifer aged 5 yrs has been examined by me at CSI Kalyani Hospital for her hearing.

After interacting with the child and observing her and after examining the child, I have come to the conclusion that Jennifer has definitely good hearing improvement now than before she was prayed for. Her mother observation of her child is far more important and the mother has definitely noticed marked improvement in her child hearing ability. Jennifer hears much better without the hearing aid, responding to her name being called where as previously she was not without the aid.

Medical Officer,
C. S. I. KALYANI GENERAL HOSPITAL

Audiogram Results: Moderate to severe sensori-neural hearing loss i.e 50% – 70% hearing loss. Chennai

U skladu sa medicinskim izvještajima prije iscjeljenja, bez slušnih pomagala, Dženiferin sluh ne bi reagovao čak i na najjači zvuk. Drugim riječima, Dženifer je izgubila sto posto sluh ali posle molitve utvrđeno je da se od 30-50 posto sluha povratilo. Ono što sledi je procj ena otorinolaringologa Kristine za Dženifer:

Kako bi ispitala sposobnost sluha Dženifer, godina 5, ja sam je ispitala u C.S.I. Kajlan opštu specijalističku bolnicu. Nakon razgovora sa Dženifer i razgovora sa njom, došla sam do zaključka da je bilo određenog i izuzetnog napredovanja u njenom sluhu nakon molitve. Mišljenja Dženiferine majke su takođe bila slična. Ona imala slično zapažanje kao i ja: Dženiferin sluh je određeno i drastično napredovao. U to vrijeme, Dženifer je mogla dobro da čuje bez bilo kojeg slušnog aparata i da odgovori ljudima koji su dozivali njeno ime. Ovo nije bilo moguće bez slušnog aparata prije molitve.

Za one koji pripreme svoja srca sa vjerom, moć Božja se bez sumnje manifestovana. Naravno, postoje mnogi primjeri u kojima pacijentovo stanje napreduje dan za danom kako vode predan život u Hristu.

Često, Bog ne daje odmah potpuno iscijeljenje onima koji su bili gluvi od vremena kada su bili mladi. Ako bi oni počeli da čuju dobro od momenta kada su iscijeljeni, bilo bi teško za njih da razaznaju zvukove. Ako su ljudi izgubili sluh nakon što su odrasli, Bog bi njih iscijelio u potpunosti odmah jer ne bi bilo potrebno toliko vremena da se prilagode zvukovima. U takvim slučajevima, ljudi će možda biti najprije zbunjeni ali poslije dan dva, oni će biti smireni i naviknuće se na njihovu sposobnost da čuju.

U aprilu 2003. godine, za vrijeme mog putovanja u Dubaj u Ujedinjenim Arapskim Emiratima, ja sam sreo ženu trideset i dvije godine staru koja je izgubila njen govor zbog cerebralnog meningitisa dok je bila dvije godine stara. Odmah nakon što je primila moju molitvu, vrlo jasno je žena rekla: „Hvala vam!" Ja sam mislio da je njen komentar bio samo znak zahvalnosti, ali njeni roditelji su mi rekli da su tri decenije prošle kako je njihova ćerka poslednje rekla: „Hvala vam."

Da bi dobili moć
koja omogućuje gluvonemima da čuju

U Jevanđelju po Marku 7:33-35 stoji sljedeće:

I uzevši ga iz naroda nasamo metnu prste svoje u uši njegove, i pljunuvši dohvati se jezika njegovog; i pogledavši na nebo uzdahnu, i reče mu: „Efata!" to jeste: „Otvori se!" I odmah mu se otvoriše uši, i razreši se sveza jezika njegovog i govoraše lijepo.

Ovdje: „Efata" na jevrejskom znači „Otvori." Kada je Isus zapovijedio pravim glasom stvaranja, čovjekove uši su se otvorile i njegov jezik je bio olabavljen.

Zašto je onda Isus stavio Njegove prste na čovjekove uši prije zapovjesti: „Efata?" Poslanica Rimljanima 10:17 nam govori: „Tako, dakle, vjera biva od propovjedanja, a propovjedanje riječju Božjom." Pošto ovaj čovjek nije mogao da čuje, nije mu bilo lako da posjeduje vjeru. Šta više, čovjek nije došao pred Isusa da dobije iscjeljenje. Umjesto toga, neki ljudi su doveli ovog čovjeka Isusu. Stavivši Njegove ruke na čovjekove uši, Isus je pomogao čovjeku da posjeduje vjeru kroz osjećaj Njegovih prstiju.

Samo kada mi razumijemo duhovno značenje usađeno u sceni u kojoj Isus manifestuje Božju moć, mi možemo da iskusimo Njegovu moć. Koje posebne korake mi moramo da napravimo?

Mi moramo najprije da posjedujemo vjeru da bi dobili iscjeljenje.

Čak iako je mala, onaj koji ima potrebu da dobije iscjeljenje mora da posjeduje vjeru. Međutim, za razliku od Isusovog vremena i zbog napredovanja civilizacije, postoje mnoga sredstva, uključujući govorni jezik sa kojim čak i sa oštećenim sluhom možete doći do jevanđelja. Sa početkom od prije nekoliko godina, sve poruke sa ceremonija su bile istovremeno prevođene na govorni jezik u Manminu. Poruke iz prošlosti su takođe ažurirane na znakovnom jeziku na svom sajtu.

Šta više, sa mnogim drugim načinima, uključujući knjige, novine, magazine i video zapise i audio kasete, vi možete da posjedujete vjeru sve dok imate odlučnost. Jednom kada je vjera postignuta, vi možete da iskusite moć Božju. Ja sam spomenuo brojna svjedočenja kao sredstvo da vam pomognem da vi posjedujete vjeru.

Sljedeće, mi moramo da dobijemo oproštaj.

Zašto je Isus pljunuo i dodirnuo čovjekov jezik nakon što je On stavio Njegove ruke na čovjekove uši? Ovo duhovno znači krštenje sa vodom i bilo je neophodno zbog oproštaja čovjekovih grijehova. Krštenje sa vodom znači da sa Božjom riječi koja je čista kao voda mi treba da budemo očišćeni od svih naših grijehova. Kako bi iskusili moć Božju, jedan mora najprije da riješi problem grijeha. Umjesto da je čovjeka pročistio sa vodom, Isus je to zamjenio sa pljuvačkom i prema tome to simbolizuje oproštaj ovom čovjeku. Isaija 59:1-2, nam govori: „Gle, nije okraćala ruka Gospodnja da ne može spasti, niti je otežalo uho Njegovo da ne može čuti. Nego bezakonja vaša rastaviše vas s Bogom vašim, i grijesi vaši zakloniše lice Njegovo od vas, da ne čuje."

Kako nam je Bog obećao u 2. Dnevnika 7:14: „I ponizi se

narod moj, na koji je prizvano ime moje, i pomole se, i potraže lice moje, i povrate se od zlih puteva svojih, i ja ću tada uslišiti s neba i oprostiću im grijeh njihov, i iscijeliću zemlju njihovu," kako bi dobili odgovore pred Bogom, mi moramo da se iskreno osvrnemo na sebe, da pokidamo naše srce i da se pokajemo.

U čemu trebamo da se pokajemo pred Bogom?

Prvo, vi morate da se pokajete što niste vjerovali u Boga i niste prihvatili Isusa Hrista. U Jevanđelju po Jovanu 16:9, Isus nam govori da će Sveti Duh osuditi svijet krivih u odnosu na grijeh, zato što ljudi nisu vjerovali u Njega. Vi morate da razumijete da ne prihvatanje Gospoda jeste grijeh i da prema tome vjeruje u Gospoda i Boga.

Drugo, ako vi niste voljeli svoju braću, vi morate da se pokajete. 1. Jovanova Poslanica 4:11 nam govori: „Ljubazni, kad je ovako Bog pokazao ljubav k nama, i mi smo dužni ljubiti jedan drugog." Ako vas vaša braća mrze, umjesto da ih zauzvrat mrzite vi morate da budete tolerantni i da opraštate. Vi morate takođe da volite vaše neprijatelje, da tražite najprije njihovu korist i da mislite i da se ponašate kao da stavljate sebe u njegove cipele. Kada dođete do toga da volite sve ljude, Bog će vam takođe pokazati saosećanje, milost i djela isceljenja.

Treće, ako ste se molili sa sopstveni interes, vi morate da se pokajete. Bog ne uživa u onima koji se mole sa sebične razloge. On vam neće odgovoriti. Čak i od sada pa nadalje, vi morate da se molite u skladu sa voljom Božjom.

Četvrto, ako ste se molili ali ste sumnjali, vi morate da se pokajete. U Jakovljevoj Poslanici 1:6-7, čitamo: „Ali neka ište s vjerom, ne sumnjajući ništa; jer koji se sumnja on je kao morski valovi, koje vjetrovi podižu i razmeću. Jer takav čovjek neka ne misli da će primiti šta od Boga." Dakle, kada se mi molimo, mi moramo da se molimo sa vjerom i da Njemu udovoljimo. Šta više, kao što nas Poslanica Jevrejima 11:6 podsjeća: „bez vjere nije moguće ugoditi Bogu," odbacite vaše sumnje i tražite samo sa vjerom.

Peto, ako se niste povinovali Božjim zapovjestima, vi morate da se pokajete. Kao što nam Isus u Jevanđelju po Jovanu 14:21 govori: „Ko ima zapovjesti Moje i drži ih, on je onaj što ima ljubav k Meni; a koji ima ljubav k Meni imaće k njemu ljubav Otac Moj; i Ja ću imati ljubav k njemu, i javiću Mu se sam," kada vi pokažete dokaz ljubavi za Boga povinujući se Njegovim zapovjestima, vi možete da dobijete odgovore od Njega. S vremena na vrijeme, vjernici učestvuju u saobraćajnim nesrećama. To je zato što većina njih ne održava Dan Gospodnji svetim ili ne daje cijeli desetak. Pošto oni ne poštuju najosnovniji skup pravila za hrišćane, Deset Zapovjesti, oni ne mogu biti smješteni pod zaštitu Boga. Među onima koji se u potpunosti povinuju Njegovim Zapovjestima, neki od njih učestvuju u nesrećama svojom greškom. Ipak, oni su zaštićeni od Boga. U takvim slučajevima, ljudi unutar ostaju nepovređeni u cijelom vozilu, zato što ih Bog voli i pokazuje im dokaz Njegove ljubavi.

Šta više, ljudi koji nisu znali Boga često dobijaju brzo iscjeljenje nakon što prime molitvu. To je zato što činjenica da su došli u crkvu pokazuje sama djela vjere, i Bog radi u njima. Međutim, kada ljudi imaju vjeru i znaju istinu ali nastavljaju da se ne povinuju Božjim Zapovjestima i ne vjeruju u Njegovu

Riječ, ovo postaju zid između Boga i ovih ljudi i stoga oni neće dobiti iscjeljenje. Razlog zbog koga Bog mnogo čini među nevjernicima za vrijeme prekomorskih Velikih ujedinjenih pohoda je zbog činjenice da oni koji su služili idolima čuju vijesti i posjećuju same pohode i to je cijenjena vjera iz pogleda Božjeg.

Šesto, ako vi niste sijali, vi morate da se pokajete. Kao što nam Poslanica Galaćanima 6:7 govori: „Jer šta čovjek posije ono će i požnjeti," kako bi iskusili moć Božju, vi morate najprije revnosno prisustvovati službama bogoslužja. Sjetite se da kada posijete sa tijelom, vi ćete dobiti blagoslove iscjeljenja i kada vi posijete sa vašim zdravljem, vi ćete dobiti blagoslove zdravlja. Prema tome, ako ste željeli da žanjete a niste posijali, vi morate u tome da se pokajete.

1. Jovanova Poslanica 1:7 čitamo: „Ako li u vidjelu hodimo, kao što je On sam u vidjelu, imamo zajednicu jedan s drugim, i krv Isusa Hrista, Sina Njegovog, očišćava nas od svakog grijeha." Šta više, održavanje posta Božjem obećanju u 1. Jovanovoj Poslanici 1:9: „Ako priznajemo grijehe svoje, vjeran je i pravedan da nam oprosti grijehe naše, i očisti nas od svake nepravde" gledajte da pogledate unazad na sebe, da se pokajete i

da hodate u svjetlosti.

Da svako od vas primi Božje saosjećanje, dobije sve što potraži i da sa Njegovim blagoslovom dobije ne samo blagoslove zdravlja već takođe i blagoslove u svim poslovima i životnim pitanjima, u ime našeg Gospoda Isusa Hrista ja se molim!

Poruka 9
Neizostavno proviđenje Božje

Ponovljeni Zakon 26:16-19

*Danas ti GOSPOD Bog tvoj
zapovjeda da izvršuješ ove uredbe i ove zakone.
Pazi dakle i izvršuj ih
od svega srca svog i od sve duše svoje.
Danas si se zarekao GOSPODU da će ti biti Bog
i da ćeš ići putevima Njegovim
i držati uredbe Njegove,
i zapovjesti Njegove i zakone Njegove,
i da ćeš slušati glas Njegov.
A GOSPOD se tebi danas zarekao
da ćeš mu biti narod osobit, kao što ti je govorio,
da bi držao svi zapovjesti Njegove;
i da će te podignuti nad sve narode,
koje je stvorio hvalom, imenom i slavom,
da budeš narod svet
GOSPODU Bogu svom,
kao što ti je govorio.*

Ako ih pitate da izaberu najveći oblik ljubavi, mnogi ljudi će izabrati ljubav roditelja, naročito majčinsku ljubav prema malom djetetu. Ipak mi nalazimo u Isaiji 49:15: „Može li žena zaboraviti porod svoj da se ne smiluje na čedo utrobe svoje? A da bi ga i zaboravila, ja neću zaboraviti tebe." Obilna ljubav Božja je neuporediva sa ljubavlju majke prema njenom malom djetetu.

Bog ljubavi želi da svi ljudi de dostignu samo spasenje, već takođe i da uživaju u vječnom životu, blagoslovima i zadovoljstvima na veličanstvenom nebu. Zbog toga On izbavljuje Njegovu djecu od iskušenja i teškoća i želi da pruži sve što oni potraže. Bog takođe vodi svakoga od nas da živi blagosloven život ne samo na zemlji već i vječni život koji će takođe doći.

Sada, kroz moć i proroke Bog nam je dozvolio u Njegovoj ljubavi, ispitamo proviđenje Božje za Manmin centralnu crkvu.

Bog ljubavi želi da spase sve duše

Mi nailazimo na sljedeće u 2. Petrovoj Poslanici 3:3-4:

I ovo znajte najprije da će u poslednje dane doći rugači koji će živeti po svojim željama, i govoriti: „Gdje je obećanje dolaska njegovog? Jer otkako oci pomriješe sve stoji tako od početka stvorenja"

Postoji mnogo ljudi koji nam neće vjerovati kada im govorimo o kraju vremena. Kao što sunce uvijek izlazi i zalazi, kao što se ljudi uvijek rađaju i umiru, kao što je civilizacija uvijek napredovala, takvi ljudi će prirodno predpostavljati da će sve nastavljati dalje.

Kao što i postoji početak i kraj ljudskog života, ako postoji početak u istoriji čovječanstva, postoji i sigurno kraj njega. Kada vrijeme Božjeg odabira stigne, sve u univerzumu će se suočiti sa krajem. Svi ljudi koji su nekada živjeli još od Adama će dobiti suđenje. U skladu sa tim kako je neko živio na zemlji, on će ući ili na nebo ili u pakao.

Sa jedne strane, ljudi koji vjeruju u Isusa Hrista i živjeli po riječi Božjoj će ući na nebo. Sa druge strane, ljudi koji nisu vjerovali i nakon što su bili evangelizovani i ljudi koji nisu živjeli po Božjoj riječi već su umjesto toga živjeli u grijehu i zlobi, čak iako su priznali svoju vjeru u Gospoda, će ući na nebo. Zbog toga Bog žudi da širi jevanđelje kroz svijet što je brže moguće, kako bi čak i nova duša mogla da dobije spasenje.

Božja moć se širi na kraju vremena

Pravi razlog zašto je Bog učvrstio Manmin centralnu crkvu i manifestuje čudesnu moć leži ovde. Kroz manifestovanje Njegove moći, Bog želi da pruži dokaz postojanja pravog Boga i da prosvetli ljude u stvarnosti neba i pakla. Kao što nam je Isus rekao u Jevanđelju po Jovanu 4:48: „Ako ne vidite znaka i čudesa, ne vjerujete," naročitu u vremenu u kojem se grijeh i zloba razvijaju i znanje napreduje, djela moći koja mogu da razbiju čovjekove misli su sve više potrebna. Zbog toga, na kraju vremena, Bog vaspitava Manmin i blagoslovi ih sa sve većom moći.

Šta više, kultivacija čovječanstva koju je dizajnirao Bog se takođe približava kraju. Sve dok se vrijeme Božjeg odabira ne približi, moć je potrebno sredstvo da bi mogli da spasimo sve ljude koji imaju šansu da dobiju spasenje. Samo uz moć mogu mnogo više ljudi da budu odvedeni ka spasenju bržim tempom.

Zbog upornog proganjanja i teškoća, veoma je teško da se raširi jevanđelje u nekim zemljama širom svijeta i postoje čak i mnogo ljudi koji još nisu čuli jevanđelje. Šta više, čak i među onima koji dokazuju svoju vjeru u Gospoda, broj ljudi sa iskrenom vjerom nije dovoljno velik kao što ljudi misle. U Jevanđelju po Luki 18:8, Isus nas pita: „Ali Sin čovječiji kad dođe hoće li naći vjeru na zemlji?" Mnogi ljudi posjećuju crkvu ali bez mnogo razlike od ljudi u svijetu, oni nastavljaju da žive u grijehu.

Ipak, čak i u zemljama i oblastima svijeta gdje postoje velika proganjanja hrišćanina, jednom kada ljudi iskuse djela Božje moći, vjera koja se ne plaši smrti cvjeta i vatreno širi jevanđelje koje slijedi. Ljudi koji su živjeli u grijehu bez iskrene vjere su sada sposobni da žive po riječi Božjoj kada iz prve ruke osjete djela moći živog Boga.

U mnogim zemljama u inostranstvu, ja sam bio u zemljama koje zabranjuju evangelizaciju i propovjedanje jevanđelja i proganjaju crkvu. Ja sam svjedočio u takvim zemljama kao što je Pakistan i Ujedinjeni Arapski Emirati, u oboma u kojima islam raste i u pretežno Hindu državu Indiju, da kada je Isus Hrist svjedočio i kada su dokazi sa kojima su ljudi vjerovali u živog Boga manifestovani, brojne duše su se preobratile i dostigle spasenje. Čak iako su služili idolima, jednom kada su iskusili djela moći Boga, ljudi su počeli da prihvataju Isusa Hrista bez straha od pravnih posljedica. Ovo svjedoči pravoj jačini Božje moći.

Baš kao što seljak žanje svoje plodove na žetvi, Bog

manifestuje čudesnu moć kako bi On mogao da požanje sve duše koje trebaju da dobiju spasenje u poslednjim danima.

Znakovi o završetku vremena zapisani u Bibliji

Čak i sa riječi Božjom zapisanom u Bibliji, mi možemo da kažemo da je vrijeme u kojem smo živjeli blizu kraju vremena. Iako nam Bog nije rekao pravo vrijeme i datum kraja vremena, On nam je dao trag sa kojim mi možemo da govorimo o kraju vremena. Kao što mi možemo da predvidimo da se bliži kiša kada se oblaci skupljaju, kroz način na koji se istorija sama nastavlja, znakovi u Bibliji nam dozvoljavaju da predvidimo poslednje dane.

Na primjer, u Jevanđelju po Luki 21 mi nailazimo: „A kad čujete ratove i bune, ne plašite se; jer to sve treba najprije da bude; ali još nije tada posledak"(stih 9) i „zemlja će se tresti vrlo po svijetu, i biće gladi i pomori i strahote i veliki znaci biće na nebu" (stih 11).

U 2. Timotijevoj Poslanici 3:1-5 mi čitamo kao što slijedi:

Ali ovo znaj da će u poslednje dane nastati vremena teška. Jer će ljudi postati samoživi, srebroljupci, hvališe, ponositi, hulnici, nepokorni roditeljima, neblagodarni, nepravedni, neljubavni, neprimirljivi, opadači, neuzdržnici, bijesni, nedobroljubivi, izdajnici, nagli, naduveni, koji više mare za slasti nego za Boga, koji imaju obličje pobožnosti, a sile su se njene odrekli; I ovih se kloni.

Postoje mnoge katastrofe i znakovi širom svijeta i srce i misli ljudi postaju sve više zlobniji danas. Svake nedelje, ja dobijam isječak o događajima i nesrećama i obim svakog isječka je u velikom porastu. Ovo znači da postoji toliko mnogo katastrofa, nesreća i zlodjela koja se dešavaju u svijetu.

Ipak, ljudi nisu više osjetljivi na takve događaje i nesreće kao što su nekada bili. Pošto se oni previše susreću sa mnogim pričama o takvim događajima i nesrećama u uobičajnim razlozima, ljudi su postali imuni na njih. Većina njih ne uzimaju za ozbiljno brutalne zločine, velike ratove, prirodne katastrofe i žrtve takvih zločina i nesreće. Ove nesreće su korišćene u popunjavanju prvih stranica masovnih medija. Međutim, osim ako se ne saosjećaju duboko sa njima ili pogađaju druge koje poznaju, za većinu ljudi takvi događaji nisu značajni i ubrzo postaju zaboravljeni.

Kroz način na koji se istorija sama odvija, ljudi koji su budni i imaju jasnu komunikaciju sa Bogom, svjedoci su u jednom glasu da je Dolazak Gospoda blizu.

Proročanstva o kraju vremena i Božje proviđenje za Manmin centralnu crkvu

Kroz Božje proročanstvo otkriveno Manminu, mi možemo da kažemo da je kraj vremena zaista blizu. Još od osnivanja Manmina pa do danas, Bog je predskazao ishode o predsjedničkim i parlamentarnim izborima, smrt važnih i dobro poznatih ličnosti kako u Koreji tako i u inostranstvu i mnoge druge događaje koji su oblikovali istoriju svijeta.

U mnogim prilikama ja sam objelodanio takve informacije u skraćenicama na nedjeljnim crkvenim izvještajima. Ako bi sadržaj bio suviše osjećajan, ja bi ih saopštio samo nekolicini pojedinaca. U poslednjih nekoliko godina, ja sam objavljivao sa propovjedaonice s vremena na vrijeme otkrića koja se tiču Koreje, Sjedinjenih država i događaja koja će se desiti u svijetu.

Većina proročanstva su se dogodila kao što sam prorokovao i proročanstva koja su trebala da se ispune što se tiče događaja ili treba da se dese ili će se tek dogoditi. Značajna činjenica je da većina proročanstva određenih događaja koja treba da se dese se tiču poslednjih dana. Među njima je Božje proviđenje za Manmin centralnu crkvu, mi ćemo ispitati nekoliko od ovih proročanstava.

Prvo proročanstvo tiče se odnosa Sjeverne i Južne Koreje.

Još od osnivanja, Bog je otkrio veoma mnogo Manminu o

Sjevernoj Koreji. To je zato što smo mi imali poziv o evangelizaciji Sjeverne Koreje u poslednjim danima. U 1983. godini, Bog nam je prorekao sastanak vođa Sjeverne i Južne Koreje i njen ishod. Odmah posle sastanka, Sjeverna Koreja trebala je privremeno da otvori svoja vrata prema svijetu ali će ih opet na duže zatvoriti. Bog nam je rekao da kada se Sjeverna Koreja otvori, jevanđelje svetosti i moć Božja će ući u zemlju i uslijediće evangelizacija. Bog nam je rekao da Dolazak Gospoda će biti neizbježan, kada obe i Sjeverna i Južna Koreja izraze sebe na određeni način. Zato što mi je Bog rekao da održim način na koji će dvije Koreje „izraziti na ovaj način" kao tajnu, ja nisam mogao da odam takvu informaciju.

Kao što je većina vas svjesna, sastanak između vođa dvije Koreje se dogodio 2000. godine. Vi vjerovatno možete da osjetite da je Sjeverna Koreja, podlegnuta međunarodnim pritiskom, otvorila svoja vrata prije vremena.

Drugo proročanstvo se tiče poziva za svjetsku misiju.

Bog je pripremio za Manmin brojne prekomorske pohode u kojima su se desetine stotina, desetine hiljada i miloni ljudi okupljali i blagoslovio nas je da brzo evangelizujemo svijet sa Njegovom čudesnom moći. One uključuju Pohod Svetog jevanđelja u Ugandi, vijesti koje su bile internacionalno emitovane na vijestima nacionalne mreže (CNN); Pohod iscjeljenja u Pakistanu koji je potreso Islamski svijet i otvorio vrata misionarskih djela na Bliskom istoku; Pohod Svetog jevanđelja u Keniji na kojima su mnoge bolesti, uključujući sidu (AIDS) bile iscjeljene; Pohod ujedinjenog iscjeljenja na Filipinima na kojem je Božja moć bila eksplozivno manifestovana; Pohod čudesnog iscjeljenja u Hondurasu, koje je izrodilo uragan Svetog Duha; i Festival pohoda čudesnog molitvenog iscjeljenja u Indiji, najvećem na svijetu Hindu zemlji, na kojem su se više od tri miliona ljudi okupili na četvorodnevnom pohodu. Svi ovi pohodi su služili kao kamen oslonac iz kojeg je Manmin mogao da uđe u Izrael, njenu konačnu destinaciju.

Pod Njegovim velikim planom za kultivaciju čovječanstva, Bog je stvorio Adama i Evu i nakon što je život počeo, čovječanstvo se množilo. Među mnogim ljudima, Bog je odabrao jednu naciju, Izrael, potomke Jakova. Kroz istoriju Izraelaca, Bog je želio da otkrije Njegovu slavu i proviđenje za kultivaciju čovječanstva ne samo Izraelcima već takođe i ljudima na svijetu. Ljudi Izraela su prema tome služili kao primjer za kultivaciju čovječanstva i istorija Izraela, kojom sam Bog vlada, nije samo istorija jedne nacije već i Njegova poruka ljudima. Šta više, prije ispunjenja kultivacije čovječanstva koje počinje sa Adamom, Bog je želio da vrati jevanđelje Izraelu, od koga je i počelo. Međutim, izuzetno je teško da se sprovede hrišćansko okupljanje u širenju jevanđelja u Izraelu. Manifestovanje Božje moći koje može da potrese nebo i zemlju je potrebno u Izraelu i ispunjenje ovog djela Božjeg proviđenja je poziv koji je namenjen Manminu u poslednjim danima.

Kroz Isusa Hrista, Bog je ispunio proviđenje spasenja čovječanstva i dozvolio je svakome ko prihvati Isusa kao njegovog Spasitelja da dobije vječni život. Međutim, Božji odabran narod Izraela, nije prepoznao Isusa kao Mesiju. Šta više, čak i sve do momenta kada se Njegova djeca uzdignu u vazduhu, ljudi Izraela neće razumijeti proviđenje spasenja kroz Isusa Hrista.

U poslednjim danima, Bog želi da se ljudi Izraela pokaju i prihvate Isusa kao njihovog Spasitelja kako bi oni dostigli spasenje. Zbog toga je Bog dozvolio jevanđelju svetosti da uđe i da se raširi po cijelom Izraelu kroz uzvišen poziv koji je On dao Manminu. Sada kada je ključni kamen oslonac za misionarska djela Srednjeg istoka učvršćen aprila 2003. godine, u skladu sa voljom Božjom, Manmin će napraviti posebne pripreme za Izraelce i ispuniće proviđenje Božje.

Treće proviđenje se tiče izgradnje Velikog hrama.

Odmah nakon što je Manmin osnovan, kako je On otkrio Njegovo proviđenje o poslednjim danima, Bog nam je dao poziv za izgradnju Svetog hrama koje će otkriti slavu Boga svim ljudima u svijetu.

U vremenu Starog Zavjeta, bilo je moguće da se dobije spasenje sa djelima. Čak iako grijeh nije bio odbačen u nečijem srcu, sve dok grijeh nije počinjen sa spolja, svako je mogo biti spašen. Hram u vremenu Starog Zavjeta je bio hram u kojem su ljudi služili Bogu samo sa djelima kako je propisao zakon.

Međutim za vrijeme perioda Novog Zavjeta, Isus je došao i ispunio je zakon u ljubavi i sa našom vjerom u Isusa Hrista mi smo dobili spasenje. Hram koji Bog želi u vrijeme Novog Zavjeta biće izgrađen ne samo sa djelima već takođe i sa srcem. Ovaj hram će izgraditi Božja iskrena djeca koja su odbacila grijeh, posvećenog srca i sa njihovom ljubavlju za Njega. Zbog toga je Bog dozvolio da hram iz Starog Zavjeta bude uništen i žudio je da novi hram iskrenog duhovnog značenja bude izgrađen.

Prema tome, ljudi koji će izgraditi Veliki Hram moraju biti cijenjeni na prikladan način iz Božjeg pogleda. Oni moraju da budu Božja djeca koja su preobratila svoja srca, u sveta i čista srca i ispunjeni vjerom, nadom i ljubavi. Kada Bog vidi da je Veliki Hram izgrađen od Njegove posvećene djece, Njemu neće biti ugodno samo kada vidi izgled hrama. Umjesto toga, sa Velikim

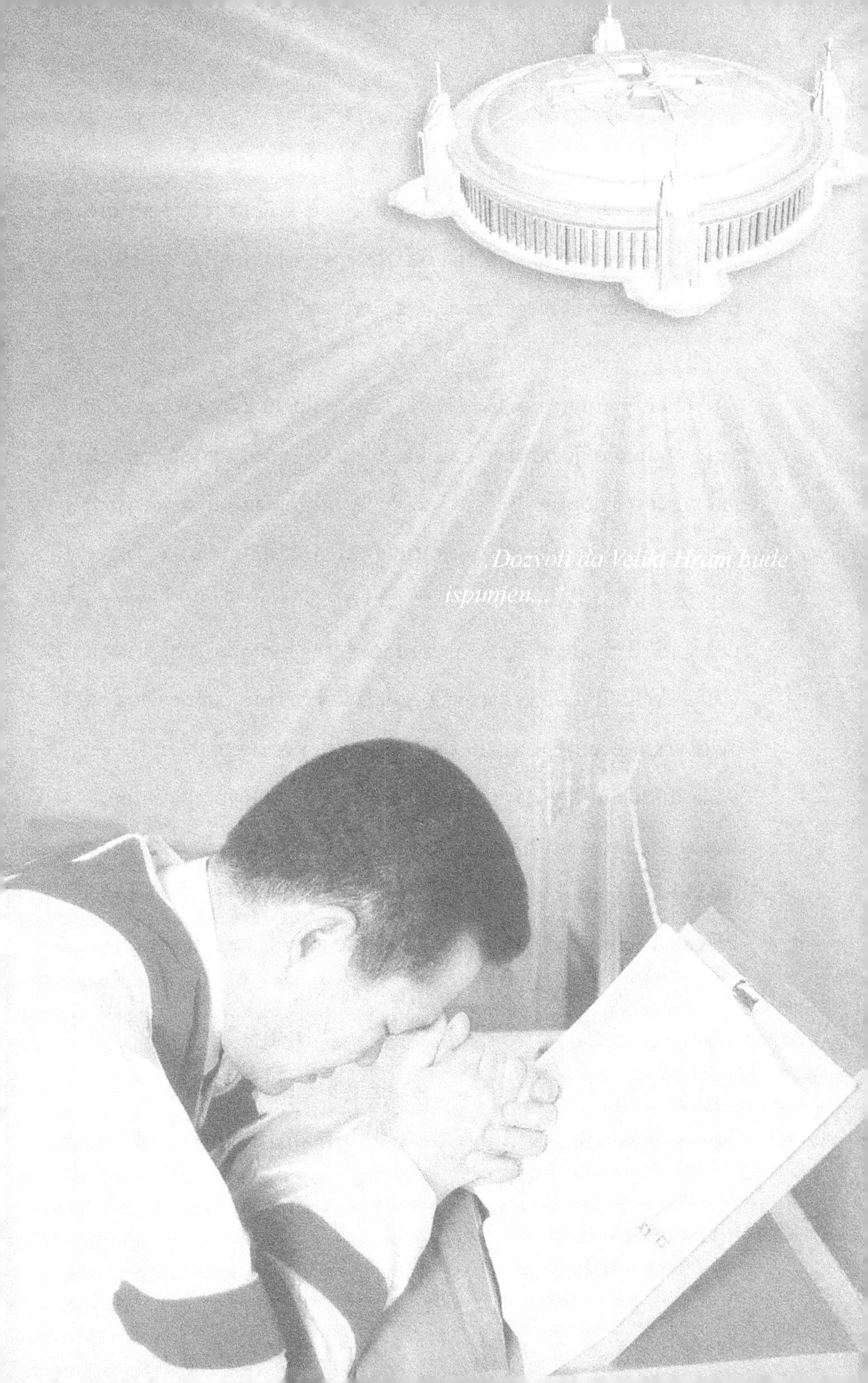

„Dozvoli da Veliki Hram bude ispunjen..."

Hramom, On će se prisjetiti procesa u kojem je Hram bio izgrađen i sjetiće se svakoga od Njegove iskrene djece koji su plodovi Njegovih suza, žrtvovanja i strpljenja.

Veliki Hram nosi veliki značaj. On će služiti kao spomenik za kultivaciju čovječanstva kao i takođe i simbol ugođaja Bogu nakon žetve dobrih useva. Ono će biti izgrađeno u poslednjim danima zato što je to projekat izgrađenog spomenika koji će otkriti Božju slavu svim ljudima ovog svijeta. Na 600 metara (oko 1970 fita) po dužini i sedamdeset metara (230 fita) u visinu, Veliki Hram je masivna zgrada koja će biti napravljena od svih vrsta prelijepog, rijetkog i dragocijenog materijala i u svakom dijelu njene strukture i ukrasa, slava Novog Jerusalima, šestog dana stvaranja, i moć Božja će biti utisnuta. Samo gledanje na Veliki Hram biće dovoljno da natjera ljude da se osjećaju veličanstveno i da slave Boga. Čak i nevjernici će biti zapanjeni dok ga posmatraju i priznaće Njegovu slavu.

Konačno, izgradnja Velikog Hrama je pripremanje velikog čamca u kojem će mnoge duše dobiti spasenje. U zadnjim danima u kojima grijeh i zloba napreduju, kao što je to bio slučaj sa Nojem, kada ljudi koji su bili vođeni Božjom djecom, koje On smatra prikladnim dođu u Veliki Hram i od tada vjeruju u Njega, oni mogu da dobiju spasenje. Sve više ljudi će čuti vijesti o Božjoj slavi i moći i doći će sami da se uvjere. Kada oni dođu, brojni Božji dokazi će biti predstavljeni. Oni će takođe biti naučeni o tajnama duhovnog kraljevstva i prosvjetljeni po Božjoj volji koji žudi da požanje iskrenu djecu koja su nalik Njegovom liku.

Veliki Hram će služiti kao nukleus finalne faze svjetskog širenja jevanđelja prije Dolaska našeg Gospoda. Šta više, Bog je rekao Manminu da kada dođe vrijeme da počne izgradnja Velikog Hrama, On će povesti kraljeve i pojedince bogate da pomognu u izgradnji.

Još od njenog osnivanja, Bog je otkrio proroke u poslednjim danima i Njegovo providenje za Manmin centralnu crkvu. Čak i do današnjeg dana, On je nastavio da manifestuje čak i nevjerovatnu moć i ispunio je Njegovu Riječ. Do kraja istorije crkve, Bog je Sam poveo Manmin kako bi ispunio Njegovo proviđenje. Šta više, sve dok se Gospod ne vrati, On će nas voditi da ispunimo sve zadatke koje nam je On dodijelio i otkriće slavu Gospoda širom svijeta.

U Jevanđelju po Jovanu 14:11, Isus nam govori da: „Vjerujte Meni da sam Ja u Ocu i Otac u Meni; ako li Meni ne vjerujete, vjerujte Mi po tim djelima." U Knjizi Ponovljenog Zakona 18:22 mi nailazimo: „Šta bi prorok rekao u ime GOSPODNJE, pa se ne zbude i ne navrši se, to je riječ koje nije rekao GOSPOD. Nego je iz oholosti rekao onaj prorok, ne boj ga se." Ja se nadam da ćete vi razumijeti proviđenje Božje kroz moć o proročanstva manifestovana i otkrivena u Manmin centralnoj crkvi.

U ispunjavanju Njegovog proviđenja kroz Manmin centralnu crkvu u poslednjim danima, Bog nije dao ovoj crkvi otkrivanje i moć preko noći. On je nas uvježbavao više od dvadeset godina. Kao i penjanje uz visoku i usku stazu i plovidba kroz visoke talase i uzburkano more, On nas je više puta vodio kroz iskušenja i sa ljudima koji su prošli ova iskušenja sa svojom čvrstom vjerom, pripremili su posude kako bi mogli da ispune svjetsku misiju.

Ovo se takođe odnosi i na svakoga od vas. Vjera sa kojom jedan može da uđe u Novi Jerusalim ne razvija se i ne raste preko noći; vi morate uvijek da budete budni i spremni za dan kada će se naš Gospod vratiti. Iznad svega, uništite sve zidove grijeha i sa nepromjenjenom i vatrenom vjerom, trčite prema nebu. Kada se pomjerite unaprijed sa ovom vrstom nepromjenljive odlučnosti, Bog će bez sumnje blagosloviti vašu dušu da se zajedno slaže sa dobrom i odgovoriće željama vašeg srca. Šta više, Bog će vam dati duhovnu sposobnost i vlast koju možete da koristite kao Njegova dragocijena posuda za Njegovo proviđenje u poslednjim danima.

Neka svako od vas održava post u vašoj vatrenoj vjeri sve dok se Gospod ne vrati i neka se ponovo sretne sa vječnim nebom i u gradu Novi Jerusalim, u ime našeg Gospoda Isusa Hrista ja se molim!

O autoru
Dr. Džerok Li

Dr. Džerok Li je rođen u Muanu, Džeonam provinciji, Republika Koreja, 1943. god. U svojim dvadesetim, Dr. Li je sedam godina patio od mnoštva neizlečivih bolesti i iščekivao smrt bez nade za oporavak. Jednog dana u proljeće 1974. god, njegova sestra ga je odvela u crkvu i kad je kleknuo da se pomoli, Živi Bog ga je momentalno izliječio od svih bolesti.

Od trenutka kada je Dr. Li sreo živog Boga kroz to divno iskustvo, on je zavolio Boga svim svojim srcem i iskrenošću, a u 1978. god., je pozvan da bude sluga Božji. Molio se revnosno da može jasno da razumije volju Božju, u potpunosti je ispuni i posluša sve Riječi Božje. Godine1982. je osnovao Manmin centralnu crkvu u Seulu, Koreja i bezbrojna djela Božja, uključujući čudesna iscjeljenja i čuda, se dešavaju u njegovoj crkvi.

U 1986. god. Dr. Li je zaređen za pastora na godišnjem Zasedanju Isusove Sungkjul crkve Koreje, i četiri godine kasnije u 1990.god. njegove propovjedi su počele da se emituju u Australiji, Rusiji, na Filipinima i mnogim drugim zemljama, preko radiodifuzne kompanije Daleki Istok, Azija radiodifuzne kompanije i Vašingtonskog hrišćanskog radio sistema.

Tri godine kasnije, 1993.god., Manmin centralna crkva je izabrana za jednu od "Svijetskih top 50 crkava" od strane magazina Hrišćanski svijet (Christian World) (US), a on je primio počasni doktorat bogoslovlja od Koledža hrišćanske vjere, Florida, SAD, i 1996.god. iz Službe od Kingsvej teološke bogoslovije, Ajova, SAD.

Od 1993.god., dr. Li je uzeo vođstvo u svjetskoj misiji kroz mnogo inostranih pohoda u Tanzaniji, Argentini, Los Anđelesu, Baltimoru, Havajima i Nju Jorku u Sjedinjenim Američkim Državama, Ugandi, Japanu, Pakistanu, Keniji, Filipinima, Hondurasu, Indiji, Rusiji, Njemačkoj,

Peruu, Demokratskoj Republici Kongo i Izraelu. U 2002.god. je nazvan „svjetski pastor" od strane glavnih Hrišćanskih novina u Koreji, zbog njegovog rada u raznim inostranim Velikim ujedinjenim pohodima.

Od septembra 2010.god., Manmin Centralna Crkva ima zajednicu od preko 100.000 članova. Postoji 9.000 domaćih i stranih ogranaka crkve širom planete, i do sad više od 132 misionara su opunomoćeni u 23 zemlje, uključujući Sjedinjene Države, Rusiju, Nemačku, Kanadu, Japan, Kinu, Francusku, Indiju, Keniju i mnoge druge.

Do datuma ovog izdanja Dr. Li je napisao 60 knjiga, uključujući bestselere: Probanje vječnog života prije smrti, Moj život, moja vjera I i II, Poruka sa krsta, Mera vjere, Raj I& II, Pakao, i Moć Božja. Njegove knjige su prevedene na više od 44 jezika.

Njegove Hrišćanski rubrike se pojavljuju u Hankok Ilbo, JongAng dnevniku, Dong-A Ilbo, Munhva Ilbo, Seul Šinmunu, Kjunghjang Šinmun, Hankjoreh Šinmun, Korejski ekonomski dnevnik, Koreja glasnik, Šisa vijesti, i Hrišćanskoj štampi.

Dr. Li je trenutno na čelu mnogih misionarskih organizacija i udruženja uključujući : predsedavajući, Ujedinjene svete crkve Isusa Hrista; predsednik, Manmin svjetska misija; stalni predsednik, Udruženje svjetske hrišćanske preporodne službe; osnivač, Manmin TV; osnivač i predsednik odbora, Globalna hrišćanska mreža (GCN); osnivač i član odbora, Mreža svjetskih hrišćanskih lekara (WCDN); i osnivač i član odbora, Manmin internacionalna bogoslovija (MIS).

Druge značajne knjige istog autora

Raj I & II

Detaljna skica predivne životne okoline u kojoj rajski stanovnici uživaju i preljepi opisi različitih nivoa nebeskih kraljevstva.

Moj Život Moja Vjera I & II

Najmirisnija duhovna aroma izvučena iz života koji je cvjetao sa neuporedivom ljubavlju za Boga, u sred crnih talasa, hladnih okova i najdubljeg očaj.

Probanje Vječnog Života Prije Smrti

Zavjetni memoari Dr. Džeroka Lija, koji je rođen ponovo i spašen iz doline senke smrti, i koji vodi primjeren Hrišćanski život.

Mera Vjere

Kakvo mjesto stanovanja, kruna i nagrade su spremne za vas u raju? Ova knjiga obezbjeđuje mudrost i smjernice za vas da izmjerite vašu vjeru i gajite najbolju i

Pakao

Iskrena poruka cijelom čovječanstvu od Boga, koji ne želi da ijedna duša padne u dubine Pakla! Otkrićete nikad do sad otkriveni iskaz o okrutnoj stvarnosti Nižeg Hada i Pakla.

www.urimbooks.com

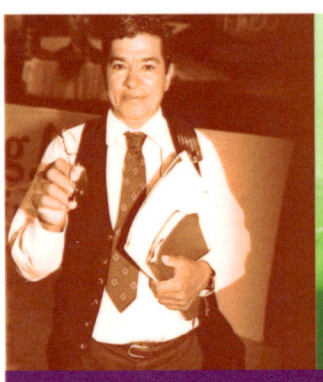

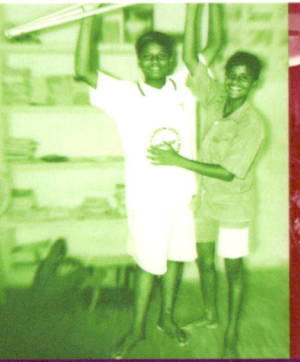

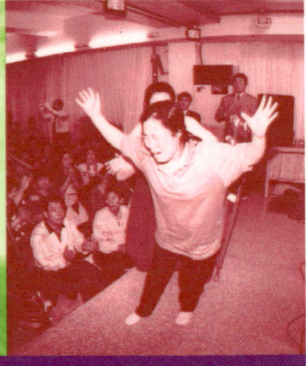

Nevjerovatna djela Božje moći su manifestovana danas!
Brojni ljudi su iscijeljeni i njihova svjedočenja o iscjeljenju preplavljuju.

Oni koji umiru se vraćaju u život, ljudi u invalidskim kolicima ustaju hodaju i poskakuju, slijepi počinju da vide, mutavi da govore, gluvi da čuju i ljudi sa različitim neizlječivim bolestima su iscijeljeni!

Pozivamo vas na scenu gdje su čudesni znakovi Isusa izvođeni i moćno se događaju!

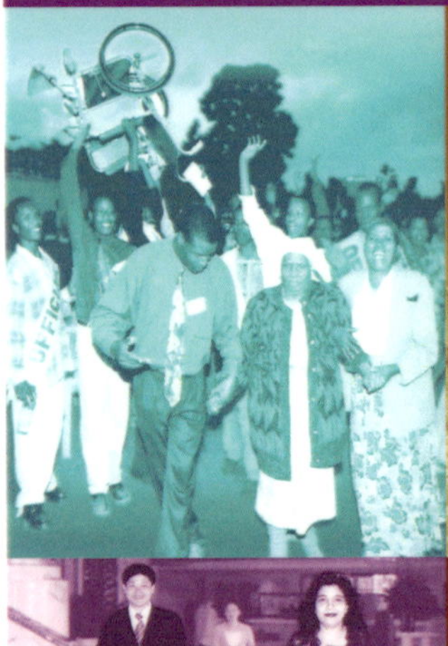
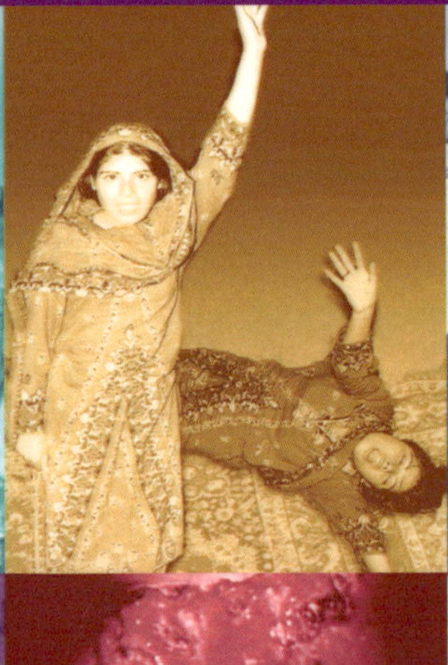
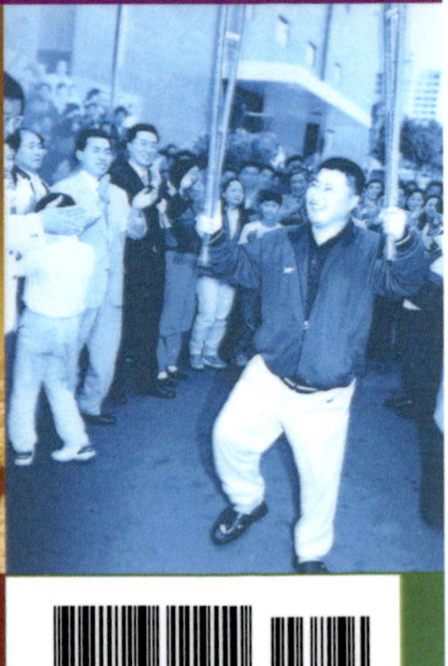
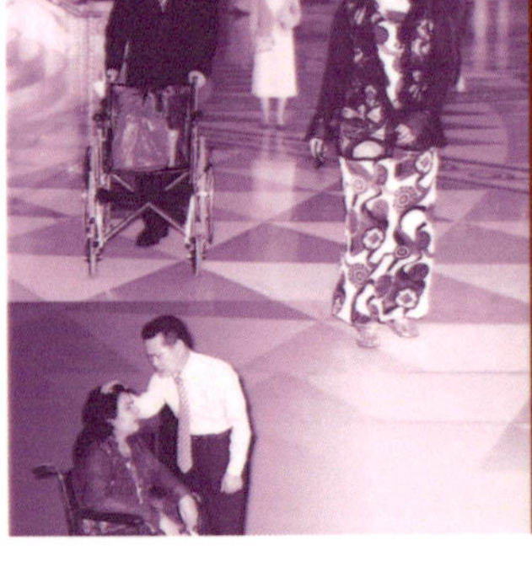
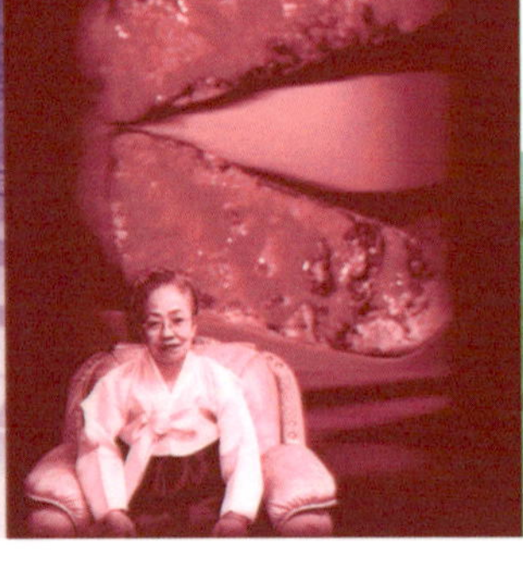

9 791126 311910
ISBN 979-11-263-1191-0

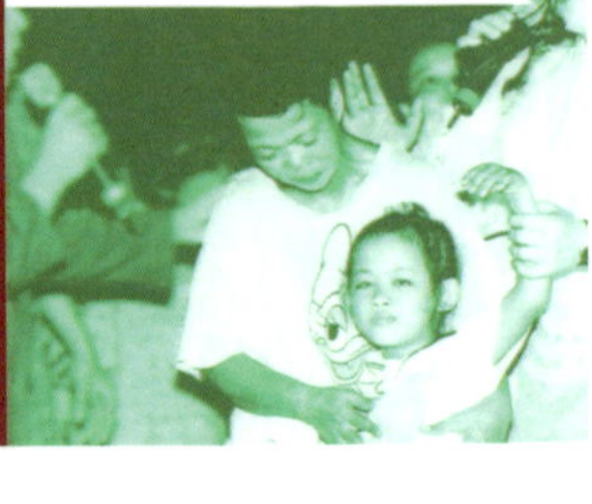

ne bi mogao ništa činiti. (Jevanđelje po Jovanu 9:32-33)

THE Success Playbook
for Next Gen Family Business Leaders

DOUG GRAY, PhD